Alfred Nehring

Fossile Pferde aus deutschen Diluvial-Ablagerungen

und ihre Beziehungen zu den lebenden Pferden

Fossile Pferde aus deutschen Diluvial-Ablagerungen

Alfred Nehring

Fossile Pferde aus deutschen Diluvial-Ablagerungen
und ihre Beziehungen zu den lebenden Pferden

ISBN/EAN: 9783743321236

Hergestellt in Europa, USA, Kanada, Australien, Japan

Cover: Foto ©berggeist007 / pixelio.de

Manufactured and distributed by brebook publishing software
(www.brebook.com)

Alfred Nehring

Fossile Pferde aus deutschen Diluvial-Ablagerungen

Fossile Pferde

aus deutschen

Diluvial-Ablagerungen

und ihre

Beziehungen zu den lebenden Pferden.

Ein Beitrag zur Geschichte des Hauspferdes

von

Dr. Alfred Nehring

Professor an der Kgl. landwirthschaftlichen Hochschule in Berlin.

Mit fünf lithographischen Tafeln.

BERLIN.

VERLAG VON PAUL PAREY.

Verlagshandlung für Landwirthschaft, Gartenbau und Forstwesen.

Seitdem Rütimeyer seine „Beiträge zur Kenntniss der fossilen Pferde"[1]) veröffentlicht hat, sind die in den jüngeren Ablagerungen der alten und neuen Welt häufig vorkommenden Equiden-Reste von zahlreichen Autoren eingehend behandelt worden. Besonders wichtig für die Beantwortung der Frage nach der Herkunft unseres Hauspferdes, also desjenigen Hausthieres, welches das interessanteste von allen genannt werden darf, ist die Untersuchung derjenigen Equiden, welche in der Diluvialzeit den Boden der jetzigen Kulturländer Europa's bewohnt haben und Zeitgenossen der nachweislich ältesten menschlichen Insassen derselben gewesen sind. Knüpft sich ja doch an die Erforschung ihrer Reste die Möglichkeit, den Zusammenhang zwischen ihnen und den heutigen Hauspferden nachzuweisen und damit die Abstammung der letzteren mit Bestimmtheit aufzuklären.

Unter den zahlreichen Publikationen, welche sich mit den diluvialen Equiden Europa's beschäftigen, hebe ich hier nur einige hervor. Dahin gehört Owen's Arbeit über die fossilen Pferde aus der Höhle von Bruniquel[2]), dahin rechne ich ferner die Publikationen von Toussaint und Sanson über das Pferd von Solutré[3]), Rütimeyer's Abhandlung über die Pferdereste aus der Höhle von Thayingen[4]), Forsyth Major's ausführliche Publikation über die fossilen Pferde Italien's[5]), sowie Woldrich's Beiträge zur Fauna der Breccien und anderer Diluvialgebilde Oesterreichs mit besonderer Berücksichtigung des Pferdes[6]). Endlich hebe ich als ganz besonders wichtig die kürzlich erschienene Arbeit von Branco hervor, welche zwar zunächst und hauptsächlich sich mit fossilen Equiden Südamerika's (Equus Andium) beschäftigt, dabei aber doch auch das europäische Diluvialpferd, sowie die heutigen Hauspferde möglichst berücksichtigt[7]).

---

1) Verh. d. naturf. Ges. in Basel. Basel 1863, p. 558 ff.

2) Philos. Transactions, London 1874.

3) Toussaint, Recueil de Médecine vétérinaire 1874, p. 880 ff., p. 467 ff. Sanson, Comptes rendus, 1873, I, p. 55 ff. Traité de Zootechnie, 2. Edit., III, p. 100 f.

4) Abh. d. schweiz. palaeont. Ges. 1875.

5) Abh. d. schweiz. palaeont. Ges. 1877 u. 1880.

6) Jahrb. d. k. k. geol. Reichsanstalt in Wien, 1882.

7) Palaeontol. Abhandlungen, herausg. von Dames u. Kayser, Heft II, 1883. — Vergl. auch Piétrement, Les chevaux dans les temps préhistor. Paris 1883.

Ueber die in Deutschland gefundenen, sehr zahlreichen Fossilreste von diluvialen Pferden ist bisher verhältnissmässig wenig veröffentlicht worden. Es existiren zwar in den meisten Abhandlungen, welche sich mit der fossilen Fauna unserer Diluvial-Ablagerungen beschäftigen, Angaben über das Vorkommen von Pferderesten; es werden auch wohl einige kurze Maassangaben mitgetheilt. Aber diese Angaben genügen nicht, um uus eine ausreichende Vorstellung von den Pferden zu geben, welche während der Diluvialzeit unser Vaterland bewohnt haben. Vor Allem fehlt es an einer eingehenden Vergleichung jener fossilen Pferdereste mit sicher bestimmten und geeignet präparirten Skeletten lebender Equiden. Dieses ist ein Mangel, welcher auch vielen der oben erwähnten, sonst so ausgezeichneten Publikationen anklebt.

Was kann es uns nützen, wenn ein Autor zur Vergleichung mit den fossilen Pferderesten das Skelett irgend eines beliebigen recenten Hauspferdes heranzieht, ohne dessen Rasse und Herkunft genau zu kennen [1])? Bei der grossen Mannigfaltigkeit der Rassen unseres Hauspferdes können wir aus einem solchen Vergleiche sehr wenig entnehmen.

Vielfach leiden die bisher publizirten Messungen recenter Pferde auch daran, dass die Art und Weise, wie die einzelnen Skelettheile gemessen wurden, nicht genau angegeben ist. Man kann einen Knochen sehr verschieden messen, und es kommen je nach den verschiedenen Ansatzpunkten, welche man den Zirkelspitzen giebt, sehr abweichende Resultate heraus.

Will man sich über die Proportionen der Skelettheile eines bestimmten Individuums klar werden, und will man Vergleichungen der Proportionen verschiedener Individuen anstellen, so empfiehlt es sich, solche Punkte an den Skelettheilen aufzusuchen und in den Zirkel zu nehmen, welche die Proportionen wesentlich bestimmen und der individuellen Variation am wenigsten unterliegen. Dieses gilt besonders von den Röhrenknochen der Glieder. Hier findet man oft die „grösste Länge" angegeben und zum Vergleich benutzt, wobei also sämmtliche Fortsätze und Hervorragungen mit berücksichtigt werden. Nach meinem Urtheil muss man bei Ermittlung der Länge eines Knochens zunächst von Gelenk zu Gelenk messen; auf diese Weise erhält man die Länge desjenigen Theiles, der an dem Aufbau des Körpers wesentlichen Antheil nimmt und bestimmend auf die Proportionen einwirkt. Erst an zweiter Stelle wird man die über das Gelenk hinausragenden Fortsätze und Höcker zu berücksichtigen haben, welche in ihrer Grösse und Gestalt viel mehr von Alter, Geschlecht und individuellen Eigenthümlichkeiten abhängen, als der von Gelenk zu Gelenk sich ausdehnende Theil des Knochens.

Um aber von Gelenk zu Gelenk sicher messen und überhaupt jede wünschenswerthe Dimension genau feststellen zu können, bedarf es zerlegter Skelette; au montirten Skeletten kann man mit dem besten Willen nicht genau messen, zumal wenn sie als „Bänder-Skelette" präparirt sind.

Nur wenige Sammlungen Europa's enthalten ein für die Bestimmung und Vergleichung fossiler Pferdereste geeignetes und einigermaassen ausreichendes Material. Die vorhandenen Schädel sind meist nicht zahlreich genug, sie sind ihrer Herkunft nach oft nicht genügend bekannt, und die Skelette lassen meistens keine genauen Ausmessungen zu, da sie im montirten Zustande benutzt werden müssen.

---

1) Vergl. Forsyth Major a. a. O., wo über die Rasse der verglichenen recenten Pferde nichts Genaues gesagt wird.

Der Mangel eines geeigneten Vergleichsmaterials hat mich früher zurück-
gehalten, die von mir gesammelten, resp. untersuchten fossilen Equus-
Reste genauer zu besprechen; ich habe mich mit der Angabe einiger Haupt-
Data begnügt [1]).

Erst seitdem mir die Verwaltung der zoologischen Sammlung der
königl. landwirthschaftlichen Hochschule in Berlin anvertraut ist, ver-
füge ich über ein Vergleichs-Material, welches, wenn auch nicht in jeder Beziehung ausreichend, so doch im Vergleich zu dem von anderen Autoren benutzten Materiale sehr reichhaltig, und was noch wichtiger ist, für die vorliegenden Untersuchungen sehr geeignet ist.

Die zoologische Sammlung unserer Hochschule ist aus der Ver-
einigung mehrerer älterer Sammlungen hervorgegangen, welche sämmtlich ihren
Schwerpunkt auf die Osteologie der Hausthiere und der ihnen verwandten wilden Thiere gelegt hatten. Schon früher war die zoologische Abtheilung des
landwirthschaftlichen Museums [2]) nach der osteologischen Seite hin besonders
gut ausgestattet gewesen; seitdem aber die reichen Skelett- und Schädel-Samm-
lungen, welche Hermann von Nathusius auf dem Schlosse Hundisburg
unter ausserordentlichen Opfern an Mühe, Zeit und Geld zusammengebracht
hatte, durch die Fürsorge der Regierung der zoologischen Sammlung der inzwischen neubegründeten landwirthschaftlichen Hochschule einverleibt, seitdem
auch die früher in Eldena befindliche, sog. Fürstenbergische Skelett- und
Schädel-Sammlung, sowie die zoologische Sammlung der kürzlich auf-
gehobenen Proskauer Akademie [3]) mit derselben vereinigt worden sind, enthält unsere Sammlung ein osteologisches Vergleichsmaterial, welches, zumal
für das Studium der Hausthiere, ausserordentlich reichhaltig ist und sich speziell
für den Vergleich mit fossilen Resten eignet, da die Mehrzahl der Skelette sich
im zerlegten Zustande befindet.

Ganz besonders brauchbar und zuverlässig ist das Material der v. Nathusius'schen Sammlung. Herr v. Nathusius hat es sich angelegen sein lassen,
möglichst nur solche Schädel und Skelette seiner Sammlung einzuverleiben,
deren Provenienz sicher und zuverlässig bekannt war. Bei den Hausthieren
ist in dem äusserst sorgfältig geführten Kataloge Alles angeführt, was sich über
Rasse, Geschlecht, Alter, Vaterland etc. ermitteln liess. Jeder einzelne Knochen
hat seine Nummer, oft auch noch sonstige genauere Bezeichnungen.

Die ausserordentliche Reichhaltigkeit unserer Sammlung hat übrigens auch,
so zu sagen, ihre Schattenseite. Es erfordert nämlich viel Zeit und Mühe, sich
bei Verfolgung einer bestimmten Frage durch das kolossale Material hindurch
zu arbeiten [4]). Hat man es nur mit einem Dutzend von Pferdeschädeln zu
thun, so ist man bald fertig, und man findet leicht bestimmte Unterschiede
zwischen den einzelnen Rassen heraus. Hat man es aber wie ich mit 230 Pferde-
schädeln zu thun, so geht die Sache nicht so schnell, und man erkennt, dass

---

1) Vergl. meine Arbeit über „die quaternären Faunen von Thiede und Westeregeln“ im
Anthropol. Archiv, 1877, Bd. X, p. 394 ff. und meinen Aufsatz über „Fossile Wildeselreste“ in
d. Zeitschr. für Ethnol. 1879, p. 137 ff.

2) Früher stand das landwirthschaftliche Museum in seiner Gesammtheit unter der Verwaltung meines jetzigen Kollegen, des Hrn. Prof. Dr. Wittmack.

3) Wesentlich durch Rob. Hartmann und Reinh. Hensel zusammengebracht.

4) Wir besitzen unter Anderm aus der v. Nathusius'schen Sammlung eine Kollektion
von 80 direkt aus Island bezogenen Schädeln der kleinen isländischen Pferde, die sog. Islän-
dische Suite. Vergl. v. Nathusius, Vorträge über Viehzucht etc., III, p. 349.

es auf diesem Gebiete noch viel zu studiren giebt. Ich habe schon früher
einige Beobachtungsresultate, welche ich bei dem Ordnen und Aufstellen unserer
Sammlung so nebenbei gewonnen hatte, publizirt[1]). Die vorliegende Arbeit
bildet einen weiteren Beitrag in dieser Richtung. Ist in derselben auch nicht
das ganze Material an Equus-Schädeln unserer Sammlung verwerthet worden,
so ist es doch der wichtigste Theil derselben; ich habe möglichst das Material
herangezogen, welches für die Beurtheilung der in unseren Diluvial-Ablagerungen
vorkommenden fossilen Pferde-Reste geeignet erschien. Wenn ich vielleicht
noch einige Schädel-Messungen mehr gab, als für diesen Zweck unbedingt nothwendig sein dürfte, so wird man dieses vermuthlich gern acceptiren, da an
exakten Messungen dieser Art bisher noch kein Ueberfluss herrscht.

Man kann wohl behaupten, dass die sorgfältigen und eingehenden Untersuchungen von Fossilresten der Hausthiere und ihrer wilden Verwandten, wie
sie durch Rütimeyer angebahnt sind, die wichtige Frage nach der Abstammung
unserer Hausthiere, sowie auch die genaue Kenntniss der osteologischen Eigenthümlichkeiten derselben, mehr gefördert und geklärt haben, als alle früheren
Untersuchungen, welche der paläontologischen Grundlage entbehrten. Wenn
man fossile Knochen bestimmen und ihre etwaigen Unterschiede feststellen will,
so muss man eben sehr genau vergleichen, und dabei kommt denn auch für
die genauere Erforschung der heutigen Thiere manches interessante Resultat
heraus.

Ich darf hoffen, dass die vorliegende Arbeit einigen Nutzen in dieser Hinsicht mit sich bringen und nicht nur die Kenntniss der diluvialen Equiden
Deutschlands fördern, sondern auch als Beitrag zur Osteologie der lebenden
Equiden nicht unwichtig sein wird. Denn einerseits stehen mir sehr zahlreiche
und wohlerhaltene Reste von diluvialen Equiden (sogar ein fast vollständig erhaltener Schädel!) zur Verfügung, andererseits liegt mir ein sehr reichhaltiges,
viele Seltenheiten umfassendes Vergleichsmaterial vor, wie es selbst in London
und Paris wohl kaum besser existirt. Die von mir mitgetheilten Messungen
von recenten Pferde-Schädeln und Skeletten dürften auch für den Hippologen
beachtenswerth sein, da die Lehre vom Exterieur erst dann eine wissenschaftliche Basis erhält, wenn sie auf genaue osteologische Messungen gegründet wird.

Ueber die Fundorte diluvialer Pferde-Reste in Deutschland.

Fast überall, wo unsere Diluvial-Ablagerungen irgend welche Säugethier-
Reste enthalten, sind auch Ueberbleibsel von Equiden zu verzeichnen[2]). An
vielen Fundorten sind letztere so zahlreich, dass sie das Hauptquantum der gefundenen Fossilreste ausmachen. Es würde unmöglich sein, alle Fundorte hier
zu berücksichtigen; ich nenne nur einige der wichtigsten. Dahin gehören die
Bergling'schen Gypsbrüche bei Westeregeln, einem grossen Dorfe, welches
zwischen Magdeburg und Halberstadt gelegen ist; diese Gypsbrüche enthalten
mächtige Diluvial-Ablagerungen, welche in ihren mittleren und obersten Lagen
durchweg eine lössähnliche Beschaffenheit haben. Hier fand ich bei meinen
jahrelang fortgesetzten Ausgrabungen sehr zahlreiche und wohlerhaltene Reste

1) Sitzungsbericht d. Ges. naturforsch. Freunde in Berlin, 1882, Nr. 3, 4 u. 8.
2) Vergl. meine Uebersicht über 24 mitteleurop. Quartär-Faunen, in 'Zeitschr. d. d. geol.
Ges. 1880, p. 468—509.

von Equiden, und zwar in allen Schichten, abgesehen von den allertiefsten. Besonders zahlreich waren sie in den mittleren Lagen, wo sie neben den wohlerhaltenen Resten charakteristischer Steppenthiere, wie Alactaga jaculus, Spermophilus rufescens[1]), Arctomys bobac, Lagomys pusillus und ähnlichen zum Vorschein kamen. Doch fanden sie sich auch in tieferen Schichten, unmittelbar neben Resten von Mammuth, Rhinoceros tichorhinus, Rennthier, Hyäne, Wolf etc. Endlich kamen auch in den höchsten, nicht mehr als diluvial zu bezeichnenden Lagen, zahlreiche Pferdereste neben roh gearbeiteten Urnen, Steininstrumenten, schwach gebrannten Spindelsteinen vor.

Nicht ganz so häufig, aber doch immerhin recht zahlreich, zeigten sich die Fossilreste von Pferden bei meinen 8 Jahre lang fortgesetzten Ausgrabungen, resp. Nachforschungen im Diluvium des Gypsbruches von Thiede bei Wolfenbüttel[2]). Die betr. Diluvial-Ablagerungen haben im östlichen Theile des Gypsbruches eine Mächtigkeit von 30—40 Fuss; hier fanden sich fossile Pferdereste vorzugsweise in einer Tiefe von 10—24, und zwar sowohl neben Mammuth, Rhinozeros, Löwe, Hyäne, Rennthier, als auch neben den oben genannten kleinen Steppennagern, wie Alactaga, Spermophilus rufescens, Lagomys pusillus.

Aehnliches ist von den Gypsbrüchen des Seveckenberges bei Quedlinburg zu sagen, welche vor etwa 50 Jahren von dem kürzlich verstorbenen Prof. Giebel eifrigst durchforscht wurden. Auch hier kamen, zusammen mit einer ähnlichen Fauna, wie die oben genannte, sehr viele Equus-Reste zum Vorschein, welche theils in das hiesige mineralogische Museum, theils in das paläontologische Museum zu München, theils in das mineralogische und das zoologische Museum zu Halle a./S. gekommen sind.

Sehr zahlreich und schön erhalten sind die Equus-Reste, welche in der sog. Lindenthaler Hyänen-Höhle bei Gera ausgegraben und theils von Herrn Fabrikant Korn, theils von meinem Freunde, Herrn Prof. Dr. Liebe in Gera, gesammelt sind. Auch hier fehlten neben den Pferderesten nicht die Reste von Alactaga, Arctomys, sowie von anderen auf schwache oder gänzlich fehlende Bewaldung hindeutenden Thieren.

Ganz besonders wichtig und umfangreich sind aber die Funde, welche in den tiefsten Lagen des Löss am Unkelstein bei Remagen a/Rh. gemacht worden sind. Hier kamen neben Resten vom Mammuth, Rhinozeros, Moschus-Ochs, Bos priscus, mehreren Hirscharten, Murmelthieren, sehr viele und schön erhaltene Equus-Reste zum Vorschein, unter anderen auch das so gut wie vollständige Skelett einer etwa 10jährigen Stute[3]). Letzterer Fund ist des-

---

1) Von mir früher als Sp. altaicus foss. bestimmt, kürzlich von meinem Freunde Wilh. Blasius zu Sp. rufescens K. u. Bl. gerechnet.

2) Vergl. „die Quaternären Faunen von Thiede und Westeregeln" a. a. O. p. 361 f. Sitzungsbericht d. Berliner Ges. f. Anthrop. v. 11. März 1882.

3) Herr Schwarze hat in seiner interessanten Publikation über die fossilen Thierreste vom Unkelstein (Verh. d. naturh. Ver. f. Rheinl. und Westf. 1879, Jahrg. 36. S. A. p. 18 ff.) dieses Skelett einem 7jährigen Hengste zugeschrieben. Aber nach dem Oberschädel, welchen er mir kürzlich zusandte, handelt es sich um eine mindestens 10jährige Stute (vergl. Taf. V, Fig. 1). Hakenzähne sind nicht vorhanden, und nach den Kanten der Schneidezähne muss ich das Thier für mindestens 10jährig halten. Diesem Alter entspricht auch der Zustand der Schädelnähte, welche fast sämmtlich fest verwachsen sind. Den Unterkiefer habe ich nicht unter Händen; sollte er starke Hakenzähne enthalten, so dürfte er kaum zu dem Oberschädel gehören. Vergl. noch die Erklärung zu Taf. V, Fig. 1.

halb besonders wichtig, weil er uns die Möglichkeit bietet, die Proportionen eines bestimmten Individuums messen zu können, was selbst bei dem vielgenannten Skelett des Pferdes von Solutré, welches man in Lyon aufgestellt hat, nicht möglich ist, da ihm der Schädel fehlt und die übrigen Skeletttheile wohl schwerlich von einem einzigen Individuum herrühren. — Die Fossilien vom Unkelstein sind von Herrn Schwarze in Remagen sorgsam gesammelt und bereits kurz beschrieben worden. Ich kenne sie (ebenso wie die von Gera) aus eigener Anschauung, da ich mich in Folge einer Einladung des Herrn Schwarze vor einigen Jahren etwa 8 Tage in seiner Villa aufhalten und seine schöne Sammlung studiren konnte.

Ausserdem kenne ich fossile Equus-Reste durch eigene Anschauung, resp. Untersuchung noch aus vielen anderen Diluvial-Ablagerungen Deutschlands, z. B. aus der sog. „Wildscheuer“ und aus den Steinbrüchen bei Steeten an der Lahn, aus dem „Buchenloch“ bei Gerolstein, aus der Balver Höhle und anderen westfälischen Höhlen, aus der Hoesch's Höhle bei Neumühle in bairisch Oberfranken, aus dem Diluvium von Osterode am Harz, aus dem Diluvium von Rixdorf bei Berlin etc. etc. Die Funde aus Süddeutschland kenne ich leider nicht aus eigener Anschauung.

Es kann nicht meine Absicht sein, auf alle jene Funde hier genauer einzugehen; ich würde sonst den mir disponiblen Raum weit überschreiten und eine besondere Monographie über das Diluvialpferd Deutschlands schreiben müssen. Ich begnüge mich hier damit, dasjenige Material genauer zu beschreiben, welches mir unmittelbar zur Hand ist[1]); die übrigen Funde können nur in soweit berücksichtigt werden, als sie mir durch eigene Untersuchungen oder durch eingehende Publikationen Anderer bekannt geworden sind. Das mir vorliegende Material ist immerhin ein so reichhaltiges und so wohlerhaltenes, wie es bisher wohl kaum einem der oben genannten Autoren zur Disposition gestanden hat. Vor Allem wichtig ist es, dass Herr Schwarze mir noch kurz vor Abschluss meiner Arbeit den Schädel seines Unkelsteiner Diluvialpferdes zur Ausmessung und Vergleichung zugesandt hat. Aber auch die Equus-Reste aus dem Diluvium von Thiede und von Westeregeln verdienen die volle Beachtung Aller, welche sich für die Geschichte des Pferdes interessiren. Ich habe dieselben durchweg eigenhändig ausgegraben und kann mit der grössten Bestimmtheit angeben, in welchem Niveau dieselben zum Vorschein kamen, und neben welchen anderen Thierresten sie eingebettet lagen. Vollständige Schädel sind zwar an diesen Fundorten nicht erhalten; dieselben sind vielmehr schon vor der Einbettung (wahrscheinlich meist von Menschenhand) zertrümmert worden. Im Uebrigen ist aber der Erhaltungszustand der nicht zertrümmerten Knochen, wie z. B. der Metacarpi und Metatarsi, ein ganz vorzüglicher.

Allgemeine Bemerkungen über die fossilen Equiden unserer Diluvial-Ablagerungen und ihr Verhältniss zu den lebenden Equiden.

Nach meinen seit dem Jahre 1873 fortgesetzten Beobachtungen finden sich in unseren nord- und mittel-deutschen Diluvial-Ablagerungen zwei verschiedene Arten von Equiden, nämlich Equus caballus foss. und Equus hemionus foss., also das eigentliche Pferd im engeren Sinne des Wortes und der Halb-

---

[1]) Die von mir selbst ausgegrabenen, resp. gesammelten Equus-Reste sind jetzt Eigenthum der von mir verwalteten zoolog. Sammlung d. kgl. landwirthsch. Hochschule.

osel oder Dschiggetai. Das erstere war sehr häufig, der letztere verhältnissmässig selten.

Was zunächst den Halbesel anbetrifft, so habe ich in einer 1879 erschienenen Abhandlung einige Equus-Reste aus der Lindenthaler Hyänenhöhle
(bei Gera) mit ziemlicher Bestimmtheit auf eine asiatische Wildesel-Art bezogen[1]). Vor etwa 1½ Jahren habe ich dann einige in der v. Nathusius'schen
Sammlung vorgefundene Fossilreste aus dem Diluvium von Westeregeln mit
grosser Wahrscheinlichkeit auf Equus hemionus bestimmt[2]). Inzwischen sind
mir noch einige andere Reste bekannt geworden, welche nach meinem Urtheil
ganz sicher zu jener Spezies gehören. Es wird davon weiter unten noch genauer die Rede sein.

Wichtiger ist hier für uns das zahlreiche Vorkommen einer Equus-Art,
welche als Equus caballus zu bezeichnen ist, weil sie in allen wesentlichen
Merkmalen des Schädel- und Skelettbaues, zumal auch im Gebiss, mit unserem
heutigen Hauspferde in der engsten Beziehung steht. Dass auch die von mir
bei Thiede und Westeregeln ausgegrabenen Equus-Reste zu der zoologischen
Spezies Equus caballus gehören, wird jeder Kenner aus den auf Taf. V—IX dargestellten Stücken ersehen, und es wird dieses aus den weiter unten mitgetheilten
Messungen und Beschreibungen der einzelnen Skeletttheile noch deutlicher hervorgehen.

Ebenso gehören die meisten der sonst in deutschen Diluvial-Ablagerungen
gefundenen Equus-Reste, speziell diejenigen von Remagen, zu der Spezies:
Equus caballus.

Ein wichtiger Unterschied besteht freilich zwischen dem heutigen Equus
caballus und dem Equus caballus der Diluvialzeit. Ersteres kennen wir nur
im domestizirten oder doch der Herrschaft des Menschen unterworfenen Zustande, letzteres war entschieden ein wildes Thier.

Es fragt sich nun: In welchem Verhältnisse steht dieses wilde
Pferd, dessen Reste in unseren Diluvial-Ablagerungen zahlreich
vorkommen, zu dem heutigen Hauspferde, resp. zu seinen Hauptrassen?

Ehe wir der Beantwortung dieser Frage näher treten, wird es nothwendig
sein, einen Blick auf die Hauptrassen des Hauspferdes zu werfen.

Man unterscheidet schon seit längerer Zeit zwei Hauptgruppen unter
den zahlreichen Rassen des Hauspferdes: die orientalische und die occidentale. Erstere wird auch wohl als Equus parvus, letztere als Equus robustus bezeichnet. Herr Prof. Franck in München hat die charakteristischen
Eigenthümlichkeiten des Equus robustus im Gegensatz zu dem Equus parvus
zuerst klar nachgewiesen, und da er als Typus des schweren Pferdes das ihm
zunächst liegende norische Pferd ansieht, so hat er die ganze Gruppe auch
wohl die norische genannt. Ich werde diesen Typus durchweg den occidentalen nennen, weil der von Herrn Prof. Franck meistens gebrauchte Ausdruck
zu eng ist und leicht zu Missverständnissen führt.

Die Haupt-Unterschiede des orientalischen und occidentalen Typus, soweit
sie im Schädel und Skelett zum Ausdruck kommen, hat Herr Prof. Franck
im Jahrgang 1875 dieser Jahrbücher, p. 33—51, so klar geschildert, dass es

---

1) Zeitschr. f. Ethnol. 1879, p. 187 ff.
2) Sitzungsber. d. Ges. naturf. Freunde, 1882, Nr. 4.

überflüssig erscheint, dieselben hier ausführlich zu wiederholen. Ich hebe nur
einige Hauptpunkte hervor.

Bei dem orientalischen Pferde, zumal bei der arabischen Rasse[1]), ist
der Gehirnschädel verhältnissmässig stark entwickelt, der Gesichtsschädel
dagegen tritt mehr zurück. Dieses Verhältniss spricht sich in allen Schädel-
maassen aus, sowohl in den Längen- als in den Breitenmaassen. Wir können
die Pferde der orientalischen Hauptrasse als Breitköpfe bezeichnen; die Stirnbreite ist verhältnissmässig gross, und wenn man ihr Verhältniss zur Länge
des ganzen Schädels berechnet, so bildet dieselbe einen bedeutenden Bruchtheil
der letzteren. Auch die sog. Gesichtsleisten springen scharf und breit vor. —
An den Backenzähnen des Oberkiefers ist die Schmelzeinfassung der sog. Halbmonde („Kunden" nach Franck) wenig gefältelt; der Innenpfeiler des Vorjochs
steht fast genau in der Mitte des Medialrandes der Reibfläche, die Zweilappung
desselben ist undeutlich[2]).

Die Röhrenknochen zeichnen sich durch zierliche Form und sehr feste,
dichte Textur aus. — Die Breite der Handwurzel (Carpus) ist relativ
gering. (Nach Franck auch die Länge, was weniger zutrifft.)

Es herrscht in vielen Punkten eine gewisse Aehnlichkeit zwischen
dem orientalischen Pferde und dem Esel. Der Gehirnschädel ist bei
letzterem durchweg noch mehr entwickelt und in die Breite gezogen, als bei
dem orientalischen Pferde; der Gesichtsschädel tritt noch mehr zurück. Es ist
gar nicht so leicht, den Schädel eines kleinen Pferdes orientalischer Rasse von
dem Schädel eines grösseren Esels zu unterscheiden. Von den Unterschieden,
welche Franck in dieser Beziehung angiebt, möchten einige nicht einmal ganz
stichhaltig sein. Im Allgemeinen habe ich den p. 41 unter No. 1 von Franck
angeführten Unterschied gut bewährt gefunden, wonach beim Esel die Entfernung vom unteren Rande des Occipitalloches bis zur Mitte des Pflugschaarausschnittes geringer ist, als von da bis zur Mitte des freien Gaumenrandes
(Ende der Gaumennaht), während beim Pferde die erstere Dimension länger
ist.[3]) —

Das occidentale Pferd bildet in den zuerst angeführten Punkten den
geraden Gegensatz zum orientalischen Pferde; es charakterisirt sich durch die
vorwiegende Entwickelung des Gesichtsschädels auf Kosten des Gehirnschädels[4]).
Der Schädel erscheint verhältnissmässig lang und schmal, die Stirnbreite ist
gering, die Augenhöhlenränder springen wenig vor. Die Schmelzfalten an den
sog. Halbmonden der Oberkiefer-Backenzähne sind stark gekräuselt; die grosse
Schmelzschlinge des sog. Innenpfeilers ist deutlich in zwei Hörner auseinander-
gezogen und platt gedrückt.

---

1) Bei den neuerdings als „mongolische Rasse" von Piétrement dem orientalischen Typus
eingereihten Pferden finden sich durchaus nicht alle die von Franck angeführten Charaktere;
diese „mongolische Rasse" hat im Gegentheil viel Abweichendes.

2) Wenn Franck angiebt, dass die Backenzahnreihen der orientalischen Pferde verhältnissmässig kurz, und die oberen Backenzähne, an der Kaufläche gemessen, breiter als lang („hoch"
nach Franck) seien, so kann ich ihm in diesen Punkten nicht unbedingt zustimmen. Ich kann
an meinem Materiale keinen durchgreifenden Unterschied hierin konstatiren. Vergl. die weiter
unten folgende Tabelle.

3) Genaueres über dieses Verhältniss ergiebt sich aus der unten folgenden grossen Tabelle,
sowie aus den daran geknüpften Bemerkungen und Vergleichungen.

4) Ich spreche von dem occidentalen und dem orientalischen Pferde hier immer in dem
Franck'schen Sinne.

Die Extremitätenknochen des occidentalen Pferdes sind plump und massig gebaut, während ihre Struktur weniger dicht und hart ist, als beim orientalischen Pferde. Die Knochen der Handwurzel sind meistens breiter, die Griffelbeine weniger verkümmert, als bei diesem.

Dieses möge vorläufig genügen über die wichtigsten Unterschiede des orientalischen und occidentalen Pferdes. Wir werden auf einzelne Punkte weiter unten noch einmal zurückkommen müssen.

Ob sich die genannten Unterschiede in jeder Beziehung als stichhaltig erweisen werden, müssen spätere Untersuchungen zeigen. Sanson hat inzwischen eine neue Eintheilung der Pferde-Rassen aufgestellt, welche sich zum Theil mit dem deckt, was Franck über diesen Gegenstand gesagt hat, zum Theil aber davon abweicht. Sanson nimmt nämlich 8 Hauptformen des Hauspferdes an, welche er sogar als 8 verschiedene zoologische Spezies angesehen wissen will[1]); er nennt sie: Equus caballus asiaticus, E. cab. africanus, E. cab. britannicus, E. cab. hibernicus, E. cab. germanicus, E. cab. frisius, E. cab. belgius und E. cab. sequanus. Die erstgenannte Form soll asiatischen Ursprungs sein, die zweite afrikanischen u. s. w. entsprechend den geographischen Bezeichnungen. Sanson fasst die ersten 4 Rassen (resp. Spezies) als brachycephale oder kurzköpfige, die letzten 4 als dolichocephale oder langköpfige zusammen.

Piétrement hat die Sanson'sche Eintheilung im Grossen und Ganzen acceptirt; jedoch bekämpft er mit Recht die Sanson'sche Ansicht von dem Artbegriff. Ausserdem bezeichnet er den E. cab. africanus als E. cab. mongolicus und schreibt dieser Form einen asiatischen Ursprung zu, während er die andere asiatische Hauptrasse zum Unterschiede davon E. cab. aryanus, also das arische Pferd, nennt.

Ich kann mich hier nicht auf eine Untersuchung über die Berechtigung dieser von Sanson und Piétrement aufgestellten Ansichten einlassen. Das würde mich weit über den Rahmen dieser Abhandlung hinausführen. Ich bemerke nur, dass, abgesehen von der Sanson'schen Auffassung der Pferde-Spezies, Manches für die Ansichten jener Forscher zu sprechen scheint[2]). Die Kurzköpfigkeit, resp. Breitstirnigkeit der meisten sog. Ponies ist eine Thatsache; aber es fragt sich, ob wir berechtigt sind, die breitstirnigen Ponies schon aus diesem Grunde dem orientalischen Typus (Franck's) zuzurechnen, wie es vielfach geschieht, während doch viele Umstände gegen eine solche Annahme sprechen. Dasselbe würde bei der Beurtheilung der kleinen ponyartigen Rasse in Betracht kommen, deren Reste vielfach in unseren Torfmooren, in gewissen Pfahlbauten etc. vorkommen.

Doch diese Fragen gehen uns hier zunächst nichts an. Uns berührt hier vor Allem die Frage: „In welchem Verhältnisse steht das Wild-Pferd unserer deutschen Diluvial-Ablagerungen zu den heutigen Hauspferden?"

Nach meinen sorgfältigen Messungen und Vergleichungen trage ich kein Bedenken, folgende Antwort auf jene Frage zu geben:

---

1) Sanson, Traité de Zootechnie, III, p. 9 ff. Vergl. Piétrement, Les Chevaux dans les Temps préhist. p. 5 ff.

2) Ganz besonders spricht mich ihre Ansicht von der Autochthonie unseres „gemeinen" Pferdes an.

Das mir aus Nord- und Mittel-Deutschland bekannt gewordene Diluvialpferd war ein mittelgrosses, schweres Pferd, welches dem schweren, occidentalen Typus Franck's, resp. dem E. caballus germanicus Sanson's so nahe steht, dass wir es als den direkten Vorfahr dieser Rasse betrachten dürfen.

Obgleich unser deutsches Diluvialpferd den diluvialen Pferden Frankreichs, Italiens, Oesterreichs und der Schweiz sehr ähnlich ist, so scheint es doch hinsichtlich der Statur einige eigenthümliche Differenzen aufzuweisen, die man etwa als Andeutungen lokaler Rassenbildung ansehen kann. Um dieses zu fixiren, bezeichne ich unser deutsches Diluvialpferd, resp. die mir näher bekannt gewordene Form des deutschen Diluvialpferdes, als:

Equus caballus fossilis var. germanica.

Um die eben ausgesprochenen Ansichten zu begründen, gehe ich nun auf eine genauere Besprechung der mir vorliegenden Fossilreste ein.

Der Schädel unseres Diluvialpferdes.

a) Das Gebiss.

Es liegen mir von dem Gebiss der Diluvialpferde von Thiede und Westeregeln sehr zahlreiche Reste vor, welche allen möglichen Altersstadien angehören. (Man vergleiche die Tafeln V, VI und VII, auf denen Proben von Zahnreihen in verschiedenen Abnutzungsstadien zur Anschauung gebracht sind.) Es sind in unserer Sammlung Gebisse von neugeborenen oder vielleicht noch nicht einmal ausgetragenen Füllen vertreten, von Exemplaren in verschiedenen Stufen des Zahnwechsels, von solchen mit vollständig ausgebildetem, mehr oder weniger abgekautem Gebiss; ja, es fehlt sogar nicht der Incisivtheil vom Unterkiefer eines sehr alten Hengstes, dessen äusserer Schneidezahn, wahrscheinlich in Folge einer Verletzung im Kampfe mit einem Nebenbuhler oder mit einem Raubthiere, eine ganz abnorme Richtung erhalten hat.

Die Schneidezähne sind durchweg sehr kräftig entwickelt; sie haben dieselbe Form, welche wir bei unseren schweren Pferden anzutreffen pflegen. Vergl. Taf. V, Fig. 1 und Taf. VI, Fig. 1 [1]). Der Incisivtheil ist entsprechend kräftig gebaut, so kräftig und breit, wie es heutzutage kaum bei den schwersten Rassen der Fall ist. Der abgebildete wohlerhaltene Zwischenkiefer von Thiede, welcher einem 5—6jährigen Individuum angehört, hat eine Breite von 84 *mm*, derjenige des Schädels von Remagen sogar von 88 *mm* [2]). Ein Zwischenkiefer von Westeregeln ist nicht wesentlich schmaler; er misst 83 *mm*. Immerhin lehrt ein Vergleich mit der unten folgenden Tabelle, dass unser Diluvialpferd einen sehr breiten Incisivtheil, also im Leben eine dicke, breite Schnauze besass. —

Die Eck- oder Hakenzähne der Hengste zeigen ebenfalls eine kräftige Form; der Haken des oben erwähnten Unterkiefers eines alten Hengstes ist von der Alveole des 3. Schneidezahns 18 *mm* entfernt.

Was dann die Backzähne anbetrifft, so liegt mir ein ansehnliches Material vor. Es kann hier nicht meine Aufgabe sein, jede Schmelzfalte aus dem Gebiss des Diluvialpferdes von Remagen oder derjenigen von Westeregeln und

---

1) Anders ist es mit den Schneidezähnen des Taf. VII, Fig. 6 dargestellten Unterkiefers aus dem Pfahlbau von Spandau; dieselben haben einen eselartigen Typus.

2) Letzterer ist auf der einen Seite allerdings etwas gedrückt, so dass die ursprüngliche Breite wohl nur 84—86 *mm* war.

Thiede zu verfolgen, wie dieses Rütimeyer, Forsyth Major, Woldrich, Branco u. A. an ihrem Materiale mit ausgezeichneter Sorgfalt gethan haben. Es würde dieses mehr Sache einer palaeontologisch-odontologischen Arbeit sein und für die Leser dieser Jahrbücher schwerlich ein näheres Interesse darbieten.

Um aber dennoch den Ansprüchen, welche die Zoologen und Palaeontologen vermuthlich an meine Arbeit stellen werden, einigermassen zu genügen, und um die nachfolgenden Angaben über die Beziehungen des Diluvialpferdes zu den schweren occidentalen Hauspferden zu illustriren, ist es mir in Folge des besonderen Entgegenkommens der Redaktion und der Verlagshandlung vergönnt gewesen, eine grössere Anzahl von Backenzahnreihen älterer und jüngerer Individuen abbilden zu lassen. Dieselben sind meist nur in $\frac{2}{3}$ der natürlichen Grösse dargestellt; doch sind sie mit möglichster Genauigkeit wiedergegeben. Sie können trotz der Verkleinerung auch zu exacten Vergleichungen benutzt werden; doch bemerke ich, um etwaigen Missverständnissen vorzubeugen, dass die Schmelzeinfassung der sog. Halbmonde an den Oberkiefer-Zähnen von Thiede und Westeregeln in natura noch etwas mehr gekräuselt ist, als es hier bei dem verkleinerten Maasstabe zur Darstellung kommen konnte.

Was zunächst die Zahl der Backenzähne anbetrifft, so stimmt dieselbe mit E. caballus überein; die gewöhnliche Zahl ist sechs, doch kommt auch der kleine Prämolar (p 4) bei unserem Diluvialpferde vor, wie Taf. VI, Fig. 6 lehrt. Dass derselbe bei den heutigen Pferden viel häufiger ist, als man gewöhnlich annimmt, dass er sogar im Unterkiefer nicht so sehr selten ist, habe ich vor Kurzem an unserem Material nachgewiesen.[1] — An unserem Diluvialpferde konnte ich ihn allerdings nur einmal beobachten, da die sämmtlichen übrigen Zahnreihen an der betr. Stelle verletzt, oder der Beobachtung unzugänglich waren[2]).

Ueber die Form der Kauflächen sowohl an den Milch- als auch an den definitiven Backenzähnen werden die Abbildungen auf Taf. V, VI und VII hinreichende Auskunft geben. Die Oberkiefer-Backenzähne des definitiven Gebisses zeigen, sofern sie sich in einem Stadium mittlerer Abnutzung befinden, durchweg eine starke Kräuselung des Schmelzblechs, zumal an der Innenseite der Halbmonde. Die Zähne der älteren Individuen, wie z. B. der Stute aus dem Loess von Remagen, unterscheiden sich allerdings durch eine geringere Kräuselung. Ueberhaupt kann das von Herrn Prof. Franck aufgestellte Unterscheidungs-Merkmal der geringeren, resp. stärkeren Kräuselung des Schmelzblechs bei den orientalischen, resp. occidentalen Pferden immer nur dann Anspruch auf Anerkennung machen, wenn man Gebisse vergleicht, deren Backenzähne sich in einem Stadium mässiger Abnutzung befinden; auf alte Individuen passt es nicht.

Immerhin spricht die relativ starke Kräuselung des Schmelzblechs an den Oberkiefer-Backenzähnen unseres Diluvialpferdes für eine nahe Beziehung zu dem occidentalen Pferde. Besonders die Zähne aus dem Diluvium von Thiede und von Westeregeln zeigen durchweg eine sehr starke Kräuselung des Schmelzblechs, wenn auch manche individuelle Unterschiede vorkommen. Ganz auffallend kraus finde ich die Halbmonde an den in der nachfolgenden Tabelle

1) Sitzungsber. d. Ges. naturf. Fr. 1882, No. 3 u. 4.
2) Der Schädel von Remagen zeigt auf der einen Seite unmittelbar vor p 3 eine Verletzung, auf der anderen ist die betr. Stelle durch hartes Gestein verdeckt.

unter No. 10 aufgeführten Zähnen von Westeregeln, welche von einem ausgewachsenen starkknochigen Pferde herrühren, dessen Reste im vorigen Winter
etwa 30 Fuss tief unmittelbar neben Resten von Mammuth und Rhinoceros gefunden wurden [1]. — An den Gebissen von Remagen scheint die Kräuselung
im Allgemeinen weniger stark zu sein; doch gebe ich, wie schon angedeutet,
auf diesen Punkt nicht sehr viel, zumal wenn es sich um ältere Individuen
handelt. Vergl. Taf. V, Fig. 2.

Ueber die Grössenverhältnisse der Backenzähne bemerke ich Folgendes: Die voll entwickelten, wenig abgenutzten Exemplare derselben bilden
sehr kräftige viereckige Säulen, welche eine Höhe von mehr als 90 mm erreichen. So z. B. ist ein m 2 sup. von Thiede 92 mm hoch, während die
Kaufläche 32 mm lang und 28 mm breit ist; ein m 1 sup. ebendaher misst
ebenfalls 92 mm in der Höhe, bei 33 mm Länge und 30 mm Breite. Manche
Exemplare sind noch etwas grösser. Die Unterkiefer-Backenzähne erreichen
eine Höhe von 80—90 mm.

Nach Franck soll die Kaufläche der Oberkiefer-Backenzähne bei dem
occidentalen Pferde länger als breit, bei dem orientalischen breiter als lang
oder ebenso breit als lang sein. Ich kann dieses nach meinem Materiale nicht
unbedingt bestätigen [2]. Auf den vordersten grossen Backenzahn des Oberkiefers passt es überhaupt nicht, eben so wenig auf den letzten, und bei den
übrigen ist es auch nur zum Theil richtig. Man kann wohl sagen, dass die
mittleren Oberkiefer-Backenzähne des orientalischen Pferdes meist eine stärkere
Cement-Bekleidung, zumal an der Gaumenseite, tragen und dadurch einen
mehr quadratischen Eindruck machen, als beim occidentalen Pferde; auch pflegt
der Innenpfeiler bei ersterem etwas weiter vorzustehen, als bei letzterem. Aber
im Ganzen ist die Differenz zwischen den beiden Hauptrassen in diesem Punkte
nicht recht zuverlässig und durchschlagend. Die Form der Kauflächen wird
bei den mittleren Backenzähnen viel mehr durch den gegenseitigen Druck
derselben und zumal durch das Lebensalter bestimmt, als durch die Rasse.
Bei alten Pferden wird die ganze Backenzahnreihe etwas kürzer; die mittleren
Backenzähne pflegen breiter als lang zu sein. Bei jüngeren Pferden ist dieses
nicht in demselben Maasse der Fall. Wenn man die unten folgende grosse
Messungs-Tabelle in Bezug auf die Länge der Backenzahnreihen vergleicht,
wird man finden, dass dieselbe bei den alten Individuen stets relativ und
meist auch absolut kürzer erscheint, als bei jüngeren Exemplaren gleicher
Schädellänge.

Ich gebe in der folgenden kleinen Tabelle einige Messungen, welche das
Gesagte illustriren werden.

(Folgt Tabelle auf S. 93.)

Ich bemerke zu diesen Messungen, dass ich die Länge der Zähne
durchweg in der Mitte, die Breite an der breitesten Stelle des Zahnes, also
unter Hinzurechnung des Innenpfeilers nebst der Cement-Bekleidung desselben,
gemessen habe. Dass bei solchen Messungen leicht kleine Differenzen herauskommen, je nachdem man den Zirkel handhabt, ersieht man aus einem Vergleich meiner Messungen in Linea 7 mit denen, welche Herr Schwarze über

---

1) Vergl. meine diesbezüglichen Mittheilungen im Sitzungsber. d. Ges. naturf. Freunde,
1883, Nr. 4.

2) Vergl. Branco, a. a. O. p 43.

Dimensionen der Backenzähne an der Kaufläche.	Nummer	Oberkiefer												Gesammtlänge der Backenzahnreihe
		p 3		p 2		p 1		m 1		m 2		m 3		
		lg.	br.	lg.	br.	lg.	br.	lg.	br.	lg.	br.	lg.	br.	
1. Indier ♂ 7jähr.	904	37,5	23	26	26	23,5	25,5	22,2	25,5	23	25,5	25	23	154
2. Araber ♂ 7jähr.	903	38	26	29	27,6	27	27	24,2	27	25	27	26	24	168
3. Graubündener ♂ 8jähr. .	1443	38	25	28,5	27	27,3	27,3	26	27	26	26	27,5	25	174
4. Pinzgauer ♂ 10jähr. . .	1448	38	25	30,3	28	29	29	27	27,5	27,3	26,5	30	25	181
5. Holsteiner ♀ 10jähr. . .	827	38	25	29	27	28	28	26	27	25	27	28	24,5	169
6. Holl. Harttraber ♀ 30jähr.	1200	37	23	28	26,5	27	27,5	23	27	26,5	27,5	34	25	174
7. Diluv.-Pferd ♀ 10j. Remagen	—	37	24?	29	29	27	29	25,5	29	26	29	27	26	169
8. " " Remagen[1])	—	38	24	30	30	28	28	28	28	28	26	22	22	
9. " " Thiede 6jähr.	-	38,5	26	31	29	?	?	26,5	27	26	26	26	23,5	
10. " " Westeregeln alt	--	?	?	29	29	28,5	30	26	27	26	27,5	26	25	

dieselben Zähne mitgetheilt hat. Vergl. übrigens Taf. V, Fig. 2, welche eine dieser Zahnreihen in natürlicher Grösse darstellt.

Die recenten Pferdeschädel, welche ich zu den obigen Messungen ausgewählt habe, besitzen sehr gesunde und normale Gebiese. Die beiden ersten gehören dem orientalischen, die übrigen dem occidentalen Typus an. Ich finde wie schon oben bemerkt, dass in der Form der Kaufläche an den Oberkiefer-Backenzähnen die von Franck angegebenen Unterschiede nicht so durchschlagend sind, dass man das Diluvialpferd von Remagen desswegen vom occidentalen Typus abtrennen müsste, weil seine mittleren Backenzähne breiter als lang sind. — Auch die Gesammtlänge der Backenzahnreihe kann uns nicht als sicherer Maassstab dienen. Ich habe versucht, aus dem Verhältnisse derselben zur Basilarlänge des Schädels bestimmte Rassen-Unterschiede herauszurechnen, bin aber zu keinem befriedigenden Resultate gekommen.

Man hat, glaube ich, seit dem Vorgange Rütimeyer's auf das Studium der einzelnen Schmelzfalten an den Backenzähnen der fossilen Pferde ein allzu grosses Gewicht gelegt, oder vielleicht richtiger gesagt: man hat noch nicht genug recentes Material untersucht, um festzustellen, wie weit die einzelnen Equus-Arten und -Rassen in der Bildung der Schmelzfalten variiren, wobei besonders die Altersdifferenzen zu berücksichtigen wären. Ich bin weit davon entfernt, der Ansicht Sanson's beizupflichten, wonach es überhaupt unmöglich sein soll, die verschiedenen Equus-Arten nach den Zähnen zu unterscheiden, resp. aus fossilen Equus-Zähnen ein Urtheil über die zugehörige Spezies abzuleiten[2]). Aber ich halte es andererseits für sehr gewagt, nach einzelnen, oft stark abgekauten Backenzähnen ein Urtheil über die Zugehörigkeit zu einer bestimmten Art abgeben zu wollen, wie das schon oft geschehen ist[3]).

Nach Franck's Beobachtungen soll an den oberen Backenzähnen des Esels die Fältelung des Schmelzblechs noch einfacher sein, als bei dem orientalischen Pferde; der sog. Sporn im Hintergrunde der tiefen Schmelzbucht, welche den Innenpfeiler abtrennt, soll hier gänzlich fehlen[4]). Obgleich

---

1) Nach G. Schwarze, Foss. Thierreste vom Unkelstein, p. 21. Die Länge von m 2 ist hier auf 88 mm angegeben; das ist jedenfalls ein Druckfehler. Ich habe dafür 28 mm gesetzt. Ob nicht in der Länge von m 3 ebenfalls ein Druckfehler steckt, lasse ich dahin gestellt.

2) Comptes rendus de l'Acad. d. Sc. Paris, 1873, Bd. 76, p. 56.

3) Vergl. Woldrich, a. a. O.. p. 28 ff.

4) Franck, a. a. O., p. 42.

dieses im Allgemeinen richtig ist, so passt es doch keineswegs auf jedes Individuum. Wenn man die von Owen Plate LVIII, Fig. 1 abgebildete obere Backenzahnreihe eines Equus asinus $\male$ betrachtet, so bemerkt man nicht nur eine recht auffällige Fältelung des Schmelzblechs, sondern auch eine bedeutende Entwickelung des sog. Sporns. Aehnlich verhält sich das Gebiss des E. taeniopus unserer Sammlung.

Man ersieht hieraus von Neuem, dass nur die Untersuchung eines umfassenden Vergleichsmaterials zu sicheren Resultaten führen kann.

b) Grösse und Proportionen des Schädels.

Vorbemerkungen.

Da ich von Thiede und von Westeregeln, abgesehen von den Kieferknochen und von der fragmentarisch erhaltenen Schädelkapsel eines sehr jungen Füllens, keine grösseren Schädelstücke in Sicherheit gebracht habe [1]), werde ich mich wesentlich an den Schädel von Remagen zu halten haben.

Wie unsere Abbildung auf Taf. V, Fig. 1 lehrt, ist derselbe verhältnissmässig gut erhalten. Er ist vielleicht der besterhaltene Schädel des europäischen Diluvialpferdes, der wissenschaftlich bekannt geworden ist. Der Basilartheil des Schädels ist so gut wie unversehrt; es fehlt ihm nur ein grösseres Stück von der Basis des Hinterhauptsbeines, sowie auch der hinterste Theil des harten Gaumens weggebrochen ist. Doch sieht man auf der linken Seite so viel von dem hinteren Rande des Gaumenbeins, dass man die Lage der Choanen mit voller Sicherheit feststellen kann. (In unserer Abbildung durch eine punktirte Linie angedeutet!) Vielleicht war die Basis des Schädels ursprünglich (vor der Einbettung in den Löss) nicht ganz so gestreckt, wie sie heute ist; doch kann die Differenz nach meinem Urtheil höchstens 1 *cm* betragen.

Die Oberseite des Schädels hat einigermaassen durch den Druck der über ihm abgelagerten Lössmaasen gelitten. Die Stirn- und Nasenpartie ist in Folge dessen zum Theil aus der normalen Lage gekommen, indem die betr. Knochen niedergedrückt sind. Dennoch ist die Umgebung des linken Auges nicht sehr verändert, wenngleich etwas nach vorn gedrängt; auch auf der rechten Seite ist so viel vom Jochbogen und den angrenzenden Theilen erhalten, dass man die Lage und Form der Augenhöhle mit einiger Sicherheit, zumal unter Zuhülfenahme der entsprechenden linksseitigen Schädeltheile, rekonstruiren kann.

Der Schnauzentheil ist zwar dicht vor p 3 abgebrochen; doch passen die beiden Bruchstellen noch derart zusammen, dass man die volle Länge des Schnauzentheils und damit auch des ganzen Schädels sicher konstatiren kann.

Das Hinterhaupt, sowie die ganze mittlere, mit den Backenzahnreihen zusammenhängende Partie des Schädels ist so gut wie unverletzt, so dass die Dimensionen dieser Theile mit voller Sicherheit sich feststellen lassen. Auch der hintere Ausschnitt des Pflugschaarbeins ist ausgezeichnet erhalten. (Vergl. Taf. V, Fig. 1 bei *c*!)

An vielen Stellen des Schädels, z. B. im vorderen Theile des Gaumens zwischen p 3 und p 3, finden sich starke, rundlich geformte Konkretionen von

---

1) Ich bemerke hier beiläufig, dass ich bei meinen ersten Ausgrabungen in den Gypsbrüchen von Westeregeln, bei denen Pferdereste massenhaft zum Vorschein kamen, mehr die Reste der speziell von mir in's Auge gefassten Steppennager beachtet habe, als die Pferdereste. Später, als ich auch diese sorgfältig sammelte, kamen sie nicht mehr so häufig vor.

kohlensaurem Kalk mit zahlreichen Gehäusen kleiner Landschnecken. Jene Konkretionen entsprechen in Form und Zusammensetzung vollständig den sog. Lösskindeln, welche für den Löss so charakteristisch sind. Sie geben unserem Schädel zum grossen Theil seine Festigkeit, indem sie einen haltbaren Kitt an den von ihnen okkupirten Stellen bilden. Auf unserer Abbildung sind sie nur flüchtig angedeutet, um das Auge nicht von der Hauptsache abzuziehen. —

Um lästige Wiederholungen zu vermeiden, sende ich der Besprechung der Dimensionen und Proportionen unseres Schädels eine Tabelle der zum Vergleich herangezogenen recenten und fossilen Pferdeschädel voran, eine Tabelle, welche auch für andere Studien nicht unnütz sein wird, da sie ein Material bietet, welches nicht leicht zu beschaffen ist. Ueber die in derselben mitgetheilten Messungen bemerke ich zunächst noch Folgendes:

1. Die Basilarlänge, welche sich als die wichtigste Längendimension des Schädels erwiesen hat, habe ich wie Franck, Naumann und Branco gemessen, d. h. von der Mitte des vorderen (unteren) Randes des grossen Hinterhauptsloches (For. magn. occip.) bis zwischen die beiden mittleren Schneidezähne, welche als i1 i1 bezeichnet werden (Taf. V, Fig. 1, a—b). Hermann v. Nathusius hat bei den von ihm hinterlassenen und von seinem Bruder Wilhelm v. Nathusius publizirten Pferdeschädel-Messungen [1]) die Basilarlänge etwas abweichend gemessen; er hat nämlich die Schneidezähne mitgerechnet, also bis zum Vorderrande der Abnutzungsfläche eines der beiden mittleren Schneidezähne gemessen. Aber dieses empfiehlt sich nicht, einerseits weil die Stellung und der Abnutzungsgrad der Schneidezähne bei verschiedenen Pferden derselben Rasse sehr verschieden sein und dadurch die Basilarlänge verkürzt oder verlängert werden kann, ohne dass der eigentliche Schädel eine entsprechende Verkürzung oder Verlängerung zeigt, andererseits, weil an fossilen Schädeln häufig die Schneidezähne ausgefallen sind, und somit ein genauer Vergleich der Basilarlänge nur möglich ist, wenn wir von den Zähnen absehen.

2. Die zweite Hauptdimension, welche ich gemessen habe, ist die Scheitellänge, d. h. die direkte, mit dem Tasterzirkel gemessene Entfernung von der Mitte des auf der Grenze des Hinterhauptbeins und der Scheitelbeine befindlichen, quergestellten Knochenkammes (des „Hinterhauptkammes") bis zur äussersten Spitze des Zwischenkiefers zwischen den beiden mittleren Schneidezähnen. Letzterer Punkt fällt am Pferdeschädel mit dem bei der Basilarlänge schon angegebenen Punkte zwischen i1 i1 fast völlig zusammen, wie ich durch vielfach angestellte doppelte Messungen festgestellt habe. Die Scheitellänge repräsentirt uns die grösste Länge des Schädels; dieselbe wird mehr als die Basilarlänge durch das Alter des Individuums beeinflusst, bildet aber doch auch eine sehr wichtige Dimension, zumal für den Vergleich mit lebenden Individuen, bei denen die Basilarlänge natürlich nicht zu ermitteln ist. Für die äussere Erscheinung des Pferdekopfes kommt sie viel mehr zur Geltung als letztere, sie wird also für die Lehre vom sogenannten Exterieur nicht unwichtig sein.

---

1) Vergl. „Vorträge über Viehzucht und Rassenkenntniss", III, Supplement: Kleine Schriften und Fragmente, p. 848. Die betr. Messungen beziehen sich meist auf dieselben Schädel, welche ich auch gemessen habe.

3. Eine sehr wichtige Dimension ist dann ferner die Stirnbreite, d. h. die direkte Entfernung zwischen den äussersten Punkten der hinteren Augenhöhlenränder (Taf. VII, Fig. 7, *c—d*). Die Entwicklung dieser Dimension und ihr Verhältniss zur Schädellänge giebt dem Kopfe der verschiedenen Pferderassen hauptsächlich sein charakteristisches Gepräge[1]).

4. Die Breite an den Gesichtsleisten ist auch nicht unwichtig für den Ausdruck des Pferdekopfes, wenn auch mehr von Alter und Geschlecht abhängig, wie die Stirnbreite. Ich habe die Breite an den Gesichtsleisten nicht wie manche Autoren, zwischen den Vorderecken der letzteren gemessen, sondern an dem Punkte, wo die zwischen Oberkieferbein und Jochbein verlaufende Naht die scharfe Kante der Gesichtsleiste schneidet, was entweder über der Grenze von *m* 2 und *m* 3, oder über *m* 2 der Fall ist. Dieses ist ein scharf markirter, anatomisch festgelegter Punkt, während das Vorderende der Gesichtsleisten den Messungen grössere Schwierigkeiten entgegenstellt, da es oft nicht scharf genug abgesetzt, bei fossilen Schädeln auch oft beschädigt ist. Der von mir bezeichnete Punkt ist durchweg derjenige, an welchem die Gesichtsleisten auch am Kopfe des lebenden Pferdes am schärfsten hervortreten.

5. Um die Lage des Auges zu fixiren, habe ich zwei Linien gemessen, von denen die eine von der Mitte des bei der Scheitellänge bezeichneten Hinterhauptskammes bis zu dem bei der „Stirnbreite" berücksichtigten äussersten Punkte des hinteren Augenhöhlenrandes, die andere von dort bis zum vordersten Punkte der Intermaxillaria zwischen *i* 1 *i* 1 reicht, also die auf Taf. VI, Fig. 7 durch die Buchstaben *a d* und *d b* bezeichneten Linien. Ich nenne sie der Kürze wegen im Folgenden den hinteren und den vorderen Abschnitt der „Augenlinie". Mit ihrer Hülfe ist man im Stande, sich aus der Scheitellänge und der Stirnbreite die wichtigsten Formverhältnisse der gemessenen Schädel, wie sie in der oberen Ansicht zu Tage treten, zu konstruiren.

6. Eine wichtige Dimension ist dann die Entfernung von der Mitte des unteren vorderen Randes des Foramen magnum occipitis bis zur Mitte des Pflugschaarausschnittes und von da bis zum hinteren Ende der Gaumennaht (Mitte des vorderen Randes der Choanen)[2]). Prof. Franck hat darauf hingewiesen, dass in dem Verhältnisse dieser beiden Dimensionen zu einander ein Haupt-Unterschied zwischen Equus caballus und Equus asinus liege. Meine Messungen bestätigen dieses zwar in der Hauptsache; doch ist es auffallend, dass Equus taeniopus, der afrikanische Steppenesel, der allgemein als der Stammvater des Hauesels betrachtet wird, gerade in diesem Punkte den Pferden gleicht. Ausserdem zeigen noch einige andere Messungen, dass jener Unterschied zwischen Pferde- und Esel-Schädel in manchen Fällen ziemlich unbedeutend ist.

7. Die Länge der Backenzahnreihen habe ich meistens zwiefach gemessen[3]), und zwar a) an den Alveolen, b) an der Kaufläche. (Letztere ist

---

1) Im Ganzen stimmen meine Messungen der Stirnbreite mit den v. Nathusius'schen (a. a. O. p. 848, Columne 3) überein; doch finden sich nicht selten kleine Differenzen von 1 bis 2 mm, was Jedem, der solche Messungen ausgeführt hat, leicht erklärlich sein wird. In einigen Fällen, wie bei Zebra Nr. 799 kann ich die Differenz nicht aufklären; es muss hier ein Druckfehler oder Versehen vorliegen.

2) Vergl. Taf. V, Fig. 1, die Entfernung von *a* bis *c* und von *c* bis *d*.

3) Wenn nur eine Messung angegeben ist, so bezieht sich dieselbe auf die Alveolen. Auch die v. Nathusius'schen Messungen der Backenzahnreihe sind so zu verstehen.

in Klammern angegeben.) Erstere Dimension ist stets etwas länger, als letztere; sie ist zum Vergleich mit fossilen Gebissen sehr brauchbar, da bei diesen oft Zähne ausgefallen sind, und man es dann nur mit den leeren Alveolen zu thun hat.

8. Unter „Schnauzenbreite" verstehe ich die direkt gemessene Breite der Zwischenkiefer, resp. des Unterkiefers an der Stelle, wo der dritte (äussere) Schneidezahn aus seiner Alveole heraustritt.

9. Die „Unterkieferlänge" habe ich von dem hinteren Rande des Gelenkkopfes bis zwischen die mittleren Schneidezähne ($J_1 J_1$) gemessen, die Unterkieferhöhe von dem höchsten Punkte des Gelenkkopfes senkrecht bis zur Tischplatte, auf welcher der Unterkiefer ruht.

10. Die Höhe des ganzen Schädels sammt Unterkiefer ist von dem höchsten Punkte des Scheitels, resp. des Hinterhauptskammes[1]) senkrecht bis zur Tischplatte gemessen.

11. Ich habe die wichtigsten Dimensionen, welche ich bei meinen Messungen erlangt hatte, durch zahlreiche Rechnungen mit einander verglichen. Als die wichtigsten, mehr oder weniger charakteristischen haben sich mir folgende erwiesen: 1. Das Verhältniss der Basilarlänge zur Stirnbreite (Index I), 2. das Verhältniss der Scheitellänge zur Stirnbreite (Index II), 3. das Verhältniss des vorderen Abschnittes der Augenlinie zum hinteren Abschnitte (Index III), wobei jedesmal die kürzere Dimension (Stirnbreite, hinterer Abschnitt der Augenlinie) gleich 100 gesetzt ist. Hermann v. Nathusius, sowie auch Franck, Naumann, Studer u. A. haben durchweg die Basilarlänge = 100 gesetzt und danach die Proportionen berechnet; ich habe es jedoch vorgezogen, die kürzere Dimension = 100 zu setzen und sie mit der Basilarlänge etc. zu vergleichen, weil so die berechneten Differenzen auffälliger erscheinen, und die Langköpfigkeit oder Kurzköpfigkeit deutlicher hervortritt. Jeder, der es anders haben will, kann sich ja die ihm wünschenswerthen Proportionen leicht aus den absoluten Maassen berechnen.

Ich habe meine Messungen zum grossen Theile zweimal ausgeführt, um Irrthümer möglichst zu vermeiden. Dennoch wird ein Anderer, der dieselben Schädel ausmisst, vermuthlich kleine Differenzen konstatiren. Da die Anfangs- und Endpunkte der meisten Dimensionen nicht haarscharf sind, und die Führung des Zirkels auch nicht in jeder Hand ganz gleich ist, so werden immer kleine Differenzen von einigen Millimetern, zumal bei den grossen Dimensionen (Scheitellänge, Basilarlänge etc.) vorkommen können, wie ein Vergleich meiner Messungen mit den v. Nathusius'schen ergiebt[2]). Ich kann jedoch versichern, dass ich mich bemüht habe, noch schärfer zu messen, als es bei den letzteren geschehen ist, zumal bei den Dimensionen, auf die es mir hauptsächlich ankam, wie Stirnbreite und Basilarlänge.

---

1) Bei den Eseln und vielen Ponies liegt der höchste Punkt regelmässig in der Mitte der Scheitelbeine, bei den schweren Pferden regelmässig auf dem Occipitalkamme.

2) Dass bei Messungen derselben Schädel durch verschiedene Autoren zuweilen ziemlich ansehnliche Differenzen herauskommen, lehrt ein Vergleich der von Franck und Branco gemessenen Pferdeschädel; so hat der arabische Hengst „Derwisch" nach Franck eine Basilarlänge von 504, nach Branco von 525 mm.

98   Alfred Nebring:

Die Maasse sind in Millimetern ausgedrückt. — Die bei den Schädeln angeführten Nummern beziehen sich auf die zoolog. Sammlung der kgl. landwirthschaftlichen Hochschule in Berlin.

⊙ bedeutet männlich,

	Inventar-Nummer	Basilar-Länge	Scheitel-Länge	Stirn-Breite	Index I	Index II	Gesichtsleisten-Breite	Augenlinie hinterer Abschnitt	Augenlinie vorderer Abschnitt
1. Equus asinus ⊙ 30 jähr. Deutschland	19	353	407	170	207,7	239	138	174	272
2. „ „ caucasicus ⊙⊙ ca. 6 jähr. Sarepta	1190	360	410	176	204,5	233	142	167	281
3 Equus asinus caucasicus ⊙⊙ ca. 5 jähr. Sarepta	1191	360	415	181	199	229	149	168	291
4. Equus asinus ⊙ sehr alt. Proskau . .	3118	370	422	182	203	231,8	150	180	291
5. „ „ ⊙ alt. Hamburg . . .	1527	370	422	191	193,7	221	158	180	286
6. „ „ ⊙⊙ (?) sehr alt. Halle[1]) .	1129	374	429	166	225	258	143	171	292
7. E. caballus ⊙⊙ Exmoor-Pony 15 jähr.	1263	390	424	175	223	242	151	166	297
8. E. asinus ⊙⊙ 5 jähr. Ost-Afrika . . .	3787	893	440	180	208	244	155	187	302
9. E. taeniopus ⊙ 10 jähr. Abessynia . .	1787	411	470	197	208,6	239	157	190	324
10. E. zebra juv. 1½ jähr.	1264	410	468	175	234	273	144	174	335
11. E. caball. juv. 2 jähr. Island	1380	416	465	182	228,5	255	145	178	325
12. E. caball. subfoss. ⊙ sehr alt. Gera . .	—	416	?	181	230	—	—	—	—
13. „ „ ⊙⊙ 7 jähr. Island . . , . .	1389	426	464	190	224	244	168	178	333
14. „ „ ⊙⊙ 24—26 jähr. Island . . .	1342	438	490	201	218	243,8	166	191	342
15. „ „ ⊙ 7 jähr. Indien	904	438	492	201	218	244,8	173	188	355
16. „ „ ⊙ 8 jähr. Island	1361	443	490	193	229,5	254	165	188	346
17. E. zebra ⊙⊙ 16 jähr. Capland	800	416	504	180	248	280	164	188	345
18. E. caballus ⊙ 22—26 jähr. Island . .	1360	448	492	202	221,7	243,5	173	191	350
19. „ „ ⊙ castr, alt. Island[2]) . . .	—	450	—	—	—	—	—	—	—
20. „ „ ⊙ 13—14 jähr. Island . .	1322	450	490	189	238	259	158	184	350
21. „ „ ⊙ 28 jähr. Lithauer . . .	3351	450	494	192	234,4	257	169	185	350
22. E. zebra ⊙ 12 jähr.	1450	451	520	184	245	282	166	191	366
23. E. caball. ⊙ 8—10 jähr. Falber Pony .	1977	452	500	201	224,8	248,8	175	191	351
24. „ „ subfoss. alt. Gera	—	455	497	190	239	262	—	—	—
25. „ „ foss. ⊙ sehr alt. Torfmoor von Tribsees	3948	455	500	204	223	245	176	192	348
26. E. caball. ⊙⊙ 8—10 jähr. Turkistan . .	970	458	500	216	212	231	182	192	357
27. „ „ ⊙ 5½ jähr. Island	1327	456	502	202	225 7	248,5	170	192	357
28. „ „ ⊙ 9 jähr. Island	1359	458	502	199	280	352	167	191	352
29. „ „ ⊙ 9 jähr. Island	1357	461	506	206	223,8	245,6	176	195	355
30. E. hemionus ⊙⊙ alt. Tibet	2520	470	525	209	224	251	171	198	372

1) Ob der betr. Schädel wirklich einem Esel angehört, oder etwa einem sehr kleinen Pony, ist mir aus verschiedenen Gründen zweifelhaft. Siehe weiter unten pag. 106!

2) Dieser Isländer befindet sich in der Veterinärschule zu Kopenhagen. Herr Dr. Boas war so freundlich, einige Messungen an demselben für meine Studien vorzunehmen.

(Ich bemerke noch, dass ich das Inventar der oben genannten Sammlung so eingerichtet habe, dass die Nummern der von Nathusius'schen (Hundisburger) Sammlung unverändert geblieben sind.)

⊙ bedeutet weiblich.

Index III	Entfernung		Länge der Backen-Zahnreihen		Entfernung des äuss. Schneidezahns vom 1. Backenzahn		Breite des Incisivtheils		Unterkiefer-Länge	Unterkiefer-Höhe	Höhe des ganzen Schädels	Laufende Nummer
	v. For. magn. bis Vomer-Ausschnitt	v. Vomer-Ausschnitt bis Ende d. Gaumennaht	Oberkiefer	Unterkiefer	oben	unten	oben	unten				
156	80	90	124	127	66	65	48	40	322	166	224	1
168	88	95	144 (135)	148 (135)	59	54	52	43	322	166	219	2
173	91	93	147 (140)	153 (139)	59	55	50	45	331	168	221	3
161,8	84	98	128	130	70	61	50	42	333	180	234	4
159	86	97	129	132	76	63	46	38	328	182	240	5
170,8	95	91	134	137	67	66	53	43	337	170	230	6
179	101	88	139 (136)	140 (135)	75	72	60	51.5	350	170	224	7
161,5	95	107	147 (143)	149 (142)	69	58	50	45	855	187	248	8
170	103	94	150 (144)	150 (140)	84	80	53	47	375	193	254	9
192,5	91	111	—	—	81	80	57	52	370	175	245	10
182,6	113	87	—	—	84	84	59	55	372	188	254	11
—	—	—	—	—	—	—	—	—	—	—	—	12
187	111	92	168 (163)	169 (162)	76	74	69	62	380	186	248	13
179	119	89	149	150	96	91	61	48	392	195	255	14
186,7	107	97	159 (154)	162 (155)	91	81	67	59	394	215	281	15
184	111	99	167	175	79	75	70	66	400	195	262	16
188	100	112	155 (149)	156 (149)	100	90	67	58	397	233	308	17
183	119	98	154	164	91	82	68	63	408	210	276	18
—	—	—	—	—	—	—	—	—	—	—	—	19
190	109	100	168	169	81	78	67	62	405	190	247	20
189	114	95	144	140	94	93	64	57	404	212	280	21
191,6	113	?	150 (144)	151 (144)	102	91	68	59	407	213	291	22
183,8	109	100	167	164	81	84	65	60	408	200	263	23
—	—	—	—	⟩	—	—	—	—	—	—	—	24
181	110	108	155	—	92	—	63	—	—	—	—	25
186	115	96	167 (158)	170 (159)	91	88	70	65	410	215	293	26
186	110	110	162 (156)	165 (155)	94	85	65	60	406	198	254	27
184	115	101	171 (165)	174 (167)	78	74	69	61	406	207	270	28
182	115	104	160	166	88	84	69	61	408	211	284	29
188	113	117	160 (151)	164 (153)	88	78	63	57	430	212	278	30

	Inventar-Nummer	Basilar-Länge	Scheitel-Länge	Stirn-Breite	Index I	Index II	Gesichtsleisten-Breite	Augenlinie hinterer Abschnitt	Augenlinie vorderer Abschnitt
31. E. caball. ☉ 5 jähr. Araber a. Abassii .	816	476	520	204	233	255	173	196	372
32. " " ☉ alt. Graubünden	1441	482	518	197	245	263	177	198	373
33. " " ☉ 7 jähr. Araber „Billy" . .	903	483	522	206	236,8	253,4	174	196	372
33a. " " Diluvialpferd von Schussenried nach Fraas	—	?	530	210[1]	—	252	—	—	—
34. E. zebra ☉ 7 jähr. Capland	799	492	555	205	240	271	179	216	392
35. E. caball. ☺ 25 jähr. Araber	3314	500	540	211	237	256	182	204	380
36. " " ☺ 10—12 jähr. Trakehner. .	1430	503	545	206	244	264,6	182	203	365
37. E. asinus ☉ alt. Malteser-Esel	2010	501	563	233	216	211,6	187	223	398
38. E. mulus ☉ castr. 10 jähr. Harz . . .	1612	510	571	215	237	265,6	186	223	398
39. E. caball. ☺ 12 jähr. Graubünden . .	1437	510	511	206	217,1	261	186	203	381
40. " " ☺ alt. Graubünden	1436	515	557	202	255	275,7	177	205	391
41. " " ☺ 15 jähr. Gulbrandsdal . .	3785	512	563	220	232,7	256	185	211	400
42. " " ☉ 5 jähr. Oldenburger . . .	3781	518	568	213	243	266	185	206	416
43. " " ☉ 28j. Engl. Vollblut „Morisco"	919	520	573	228	228	251	182	216	400
44. E. caball. ☺ 5—6 jähr. „Holsteiner" . .	798	520	575	216	240,7	266	181	221	403
45. " " ☉ 4 jähr. Kalmück	1411	522	583	218	239	267,4	188	211	422
46. " " ☺ 9 jähr. Trakehner „Tohosa"	3355	526	567	228	230,7	248,7	195	214	399
47. " " ☺ 8 jähr. Däne („Hinterländer")	1197	526	567	220	239	258	194	211	400
48. " " ☺ 10 jähr. Diluvialpferd von Remagen	—	528	562	212?	249	265	186	208?	402?
49. E. caball. ☉ 8 jähr. Graubünden . . .	1113	536	584	222	241,4	263	189	220	412
50. " " ☺ 10 jähr. Holstein. Geest-Rasse	827	542	569	222	241	256	188	213	408
51. " " ☺ alt. Schleswig'sche Rasse .	821	516	587	216	253	272	192	200	439
52. " " ☺ 30 jähr. Holländ. Harttraber	1200	550	586	214	257	274	184	206	424
53. " " ☉ 9 jähr. Pinzgauer nach Franck	—	550	603	216	254,6	288	—	—	—
54. " " Diluvialpferd von Nussdorf	—	555	—	222[2]	—	—	—	—	—
55. E. caball ☺ 20 jähr. Cleveland bay. . .	1506	558	605	231	241,5	262	197	216	432
56. " " ☉ 10 jähr. Pinzgauer . . .	1448	571	615	236	242	260	203	218	442
57. " " ☺ 8 jähr. Clydesdale	1260	574	623	238	241	262	208	225	450
58. " " ☉ 18 jähr. Brabanter . . .	1600	585	628	255	229	246	217	238	442
59. " " ☉ 9 jähr. Pinzgauer n. Franck	—	587	645	242	242,6	266	—	—	—
60. " " ☺ 7 jähr. Pinzgauer n. Franck, resp. Branco	—	603	644	236	255,5	273	—	—	—

---

1) Fraas giebt im Archiv f. Anthrop. 1872, p. 192 nur ganz kurz die Länge auf 530, die Breite auf 210 mm an, ohne zu sagen, wie diese Dimensionen gemessen sind.

2) Diese Dimension ist, genau genommen, nicht die Stirnbreite, sondern die Breite an den Jochbogen, welche gewöhnlich etwas geringer als jene ist. — Vergl. Woldrich a. a. O. p. 25.

Index III	Entfernung		Länge der Backen-Zahnreihen		Entfernung des äuss. Schneidezahns vom 1. Backenzahn		Breite des Incisivtheils		Unterkiefer Länge	Unterkiefer-Höhe	Höhe des ganzen Schädels	Laufende Nummer
	v. For. magn. bis Vomer-Ausschnitt	v. Vomer-Ausschnitt bis Ende d. Gaumennaht	Oberkiefer	Unterkiefer	oben	unten	oben	unten				
190	128	103	174 (170)	182 (170)	94	86	68	63	430	237	300	31
188	125	107	162	170	98	92	60	58	421	227	297	32
190	137	90	173 168)	179 (169)	105	97	65	61	440	222	293	33
—	—	—	—	—	—	—	—	—	—	—	—	33a
181,5	130	111	169 (161)	173 (165)	87	85	69	60	437	257	327	34
186	131	113	163 (159)	163 (158)	113	106	59	52	440	230	301	35
189,6	125	118	—	—	103	100	—	—	448	241	316	36
178	120	120	166	165	103	99	66	58	450	211	322	37
178	127	120	157	158	115	110	65	54	462	240	298	38
187,6	132	112	170 (167)	177 (169)	103	95	71	64	442	255	337	39
190,7	131	115	173	172	107	106	66	61	450	237	312	40
189,5	130	102	172	177	114	109	67	62	455	244	311	41
202	129	112	173 (170)	181 (171)	110	101	67	64	470	239	307	42
185	113	102	161	174	124	108	66	61	475	242	324	43
182,3	151	101	186	184	97	88	73	68	455	240	300	44
200	142	109	187	191	96	96	74	71	465	260	340	45
186,4	137	117	175 (167)	176 (166)	111	107	68	64	463	258	332	46
189,6	139	112	172	175	111	106	68	62	468	248	323	47
193?	139	111	172 (169)	179 (170)	110?	91	68	—	460	235?	—	48
187	112	111	180 (174)	179 (169)	113	106	71	62	470	260	344	49
191,5	112	114	173	179	113	104	72	61	468	248	326	50
216	136	120	176	185	121	102	72	69	480	256	324	51
206,9	143	117	180 (174)	181 (171)	124	110	72	61	485	255	333	52
—	142	122	191	—	—	—	—	—	—	—	—	53
—	—	—	184	—	—	—	82	—	—	—	—	54
200	139	116	173	173	130	127	69	63	500	272	341	55
202,7	141	119	187 (181)	188 (176)	120	114	76	70	506	267	353	56
200	145	122	214 (207)	217 (203)	106	99	82	81	510	268	313	57
196	155	121	186 (180)	194 (185)	119	111	78	70	515	281	375	58
—	157	121	191	—	119	—	83	—	—	—	—	59
—	150	128	191	—	128	—	93	—	—	—	—	60

1. Die Schädellänge des Diluvialpferdes.

Die Basilarlänge. Aus vorstehender Tabelle ergiebt sich zunächst, dass das Diluvialpferd vom Unkelstein bei Remagen nach der Basilarlänge seines Schädels zu den sog. schweren Pferden zu rechnen ist. Sein Schädel erreicht allerdings nicht die Länge des Schädels der schwersten Rassen, wie der Pinzgauer, Brabanter, Clydesdale, Cleveland bay; dagegen übertrifft er die Schädel von drei Graubündener, einem Oldenburger („reiner Rasse"), einem Dänen und einem Holsteiner Pferde, also von Pferden, welche auch noch zu den schweren Schlägen gerechnet werden[1]), und er steht nur wenig hinter den Schädeln eines starken Graubündener Hengstes, sowie einer Stute der Holsteinischen Geest-Rasse zurück.

Allerdings erreichen auch die von Franck und Brauco gemessenen Schädel arabischer Pferde hinsichtlich ihrer Basilarlänge fast unser Diluvialpferd; aber jene Schädel scheinen aussergewöhnlich lang zu sein. Die von mir gemessenen, in unserer Sammlung vorhandenen Araber-Schädel stammen nachweislich von Original-Arabern. Der 5jährige Hengst Nr. 816 gehörte einstmals dem Privat-Gestüt des Königs von Würtemberg an und ist bezeichnet „Aus Abassii. Abbas Pascha's Gestüt". Der Schädel des 7jährigen Hengstes „Billy" Nr. 903 ist von Herrn v. Schlagintweit direkt aus Arabien mitgebracht, und der Schädel Nr. 3314 stammt von einer 25—30jährigen arabischen Schimmelstute, welche Graf Dzieduszycki in Lemberg, ein vorzüglicher Pferdekenner, selbst aus dem Orient mitgebracht und später, als das Thier alt geworden war, dem Dominium Proskau geschenkt hat. Nach der Versicherung meines verehrten Kollegen, des Herrn Geh.-Rath Prof. Dr. Settegast, der das Thier lebend gekannt hat, repräsentirte dieselbe den arabischen Typus in ausgezeichneter Weise. Unsere Original-Araber bleiben hinsichtlich der Basilarlänge des Schädels wesentlich hinter dem Diluvialpferde von Remagen zurück, wobei noch zu berücksichtigen ist, dass die Schimmelstute Nr 3314 sehr alt und in Folge dessen sehr langschnauzig ist. Denn das mag hier gleich bemerkt werden: der Schnauzentheil, d. h. der vor der Backenzahnreihe liegende Theil der Kiefer, wird in seiner Länge nicht unbedeutend vom Alter beeinflusst; er ist gewöhnlich bei alten Individuen gestreckter als bei jüngeren Individuen derselben Rasse.

Noch grösser als der Schädel des Diluvialpferdes von Remagen ist derjenige aus dem Löss von Nussdorf bei Wien, welchen Woldrich a a. O., p. 24f. beschrieben hat. Ich habe ihn sub Nr. 54 der grossen Tabelle aufgeführt. Seine Basilarlänge beträgt 555 *mm*; er steht den Schädeln der schwersten Pferde noch näher, als der mir vorliegende aus dem Löss von Remagen. Woldrich hat auf ihn eine neue zoologische, resp. paläontologische Spezies begründet, der er den Namen Equus caballus fossilis minor beilegt. Ich sehe mich ausser Stande, ihm hierin zu folgen, da ich weder die Be-

---

1) Auch dem „Kalmück" Nr. 1441 steht der fossile Schädel in den Grössenverhältnissen nahe; aber in den Formverhältnissen weicht er von demselben wesentlich ab, wie ein Vergleich der in den v. Nathusius'schen Fragmenten publizirten Holzschnitte ergiebt. Im Uebrigen behalte ich mir mein Urtheil über das Verhältniss der „kalmückischen" Pferde (von welchen wir noch mehrere Schädel in der Sammlung haben) zu den orientalischen und occidentalen Hauptrassen noch vor. Sie bedürfen eines spezielleren Studiums; doch bemerke ich gleich hier, dass sie von dem Typus des arabischen Pferdes stark abweichen.

zeichnung „minor“ für zutreffend halten, noch überhaupt die Art und Weise billigen kann, in welcher Woldrich neue Namen in die Wissenschaft einführt. Ich schätze die Publikationen Woldrich's sehr; aber er ist zu schnell bei der Hand, neue Spezies aufzustellen. So z. B. hat er in der zitirten Arbeit auf Grund der Untersuchung von verhältnissmässig wenigen Resten nicht weniger als drei neue Equus-Spezies aufgestellt, deren Artberechtigung denn doch noch sehr in Zweifel gezogen werden kann. Ich habe nichts dagegen, wenn man das Pferd aus dem Löss von Nussdorf als eine grössere Rasse des Diluvialpferdes bezeichnet; um aber eine neue Spezies darauf zu begründen, scheint mir das benutzte Material, welches nur in einem stark zerdrückten Schädel besteht, nicht ausreichend zu sein.

Wie bedeutend die Grössen-Unterschiede innerhalb einer bestimmten Rasse, resp. Art sein können, sehen wir aus unserer Tabelle. Wir haben einen Pinzgauer mit 550, einen anderen mit 603 *mm* Basilarlänge. Die Basilarlänge der Graubündener schwankt zwischen 482 und 536 *mm*, die der ausgewachsenen Isländer zwischen 426 und 461 *mm*, die der Esel zwischen 353 und 393 *mm*, auch wenn wir den Equus taeniopus mit 411 und den Malteser-Esel [1]) mit 504 *mm* nicht mitrechnen. Selbst bei den Zebras finden wir ein Schwanken zwischen 446 und 492 *mm*, obgleich unsere Schädel von wilden Exemplaren (nicht von Menagerie-Thieren) stammen.

Die Scheitellänge. Wenn wir statt der Basilarlänge die Scheitellänge (also die grösste Länge) zum Vergleiche heranziehen, so finden wir ähnliche Verhältnisse. Im Allgemeinen steigt die Scheitellänge des Equus-Schädels entsprechend der Basilarlänge. Aber dieses Steigen erfolgt nicht ganz gleichmässig. So z. B. haben die Zebras eine verhältnissmässig grosse Scheitellänge, weil bei ihnen die Basis des Schädels etwas gekrümmt ist, und der Occipitalkamm wie ein Dach sehr weit nach hinten hinausragt. Dasselbe ist bei vielen Hauspferden der Fall. Wir besitzen einige Schädel in unserer Sammlung, bei welchen die Krümmung der Schädelbasis eine ganz ausserordentliche ist, wie z. B. bei dem Kalmück Nr. 1441 [2]). In diesem Falle pflegt die Differenz zwischen der Basilarlänge und der Scheitellänge eine sehr bedeutende zu sein. Sie beträgt bei jenem Kalmück 51 *mm*.

Umgekehrt giebt es Schädel, bei denen die Basis sehr gestreckt und in Folge dessen die Differenz zwischen Basilar- und Scheitellänge verhältnissmässig gering ist. Zu den letzteren gehört z. B. die 10jährige Stute der Holsteiner Geest-Rasse, welche sub Nr. 50 unserer Tabelle aufgeführt ist. Bei ihr beträgt die Basilarlänge 542 *mm*, die Scheitellänge 569 *mm*; der Unterschied ist also nur 27 *mm*. Aehnlich steht es auch mit unserem Diluvialpferd von Remagen. Bei ihm beträgt die Differenz etwa 34—38 *mm*, wenn wir die Basilarlänge auf 528 *mm* und die Scheitellänge auf 562—566 *mm* annehmen [3]). Herr Schwarze hat nur 523 *mm* Basilarlänge und 552 *mm* Scheitellänge her-

---

1) Der Schädel dieses Malteser Esel ist auffallend gross und sehr breitstirnig; er stammt von einem Hengste, welcher in Beberbeck (Hessen) lange Jahre zur Maulthierzucht benutzt wurde. Interessant ist ein genauerer Vergleich dieses Schädels mit dem fast gleich grossen Schädel des Maulthieres Nr. 1612.

2) Vergl. den Holzschnitt bei v. Nathusius, Fragmente, p. 869.

3) Es kommt bei diesen Messungen einigermassen darauf an, in welche Lage man den abgebrochenen Schnauzentheil zu den übrigen, fest zusammenhängenden Theilen des Schädels bringt. Dadurch erklären sich die obigen Differenzen.

ausgemessen; doch glaube ich, dass meine Messungen der ursprünglichen Länge
mehr entsprechen, da ich mit möglichster Genauigkeit zu Werke gegangen bin.

An dieser Stelle wird auch das Pferd aus der Renthierstation von
Schussenried zu besprechen sein. Die Reste desselben stammen von der berühmten Fundstätte an der Schussenquelle bei Schussenried im südlichen Würtemberg. Man fand hier in einer sandig-schlammigen, blauschwarz bis grau ge-
färbten Moderschicht, welche zwischen einem Tufflager und einer Kiesschicht
eingelagert war, eine grosse Menge von Thierknochen, die wohl wesentlich
von den Mahlzeiten einer Urbevölkerung herrühren. Die meisten Knochen
gehörten dem Renthier an; doch war auch der Bär, der Vielfrass, der Wolf,
der Eisfuchs, eine Hasen-Art und vor Allem auch das Pferd vertreten.

Nach dem ganzen Charakter der Ablagerung müssen wir die Rennthier-
station von Schussenried für diluvial halten, wenn auch vielleicht für jung-
diluvial. Daher muss uns das dort gefundene Pferd interessiren, zumal ein
vollständig erhaltener Schädel desselben für die Wissenschaft gerettet ist.
Ich erwähne ihn an dieser Stelle, weil ich von ihm nur die Scheitellänge,
resp. grösste Länge kenne. Fraas beschreibt ihn im Arch. f. Anthrop. 1872,
Bd. 5, p. 192 folgendermassen: „Der Schädel ist 53 cm lang und 21 cm breit....
Der Anblick des Schädels erinnert zuerst an den Esel; so auffällig weicht dessen
Kürze und Breite von unseren modernen Pferderassen ab. Trotz des esel-
artigen Aussehens fehlen dem Schädel die Merkmale des Esels, d. h. 1. es fehlt
die dünne Kieferwand, welche die Eindrücke der Backenzähne durch den
Knochen sehen lässt, 2. der Gaumenausschnitt reicht nicht bis zum dritten
Molar, wie bei Esel, sondern greift an den zweiten Molar, 3. der Jochbogen-
Fortsatz (Gesichtsleiste) über dem Os maxillare greift bis zum ersten Praemolar
vor[1]). Am meisten zeichnet sich nun unser Höhlenpferd[2]) durch eine Breite
der Schnauze aus, welche die der schwersten Karrenpferde noch um 1 cm
übertrifft.“

Uns interessirt hier aus den obigen Angaben zunächst die Länge des
Schädels. Leider ist nicht angegeben, wie dieselbe gemessen ist; doch dürfen
wir annehmen, dass es die grösste Länge ist. Sie würde also mit unserer
„Scheitellänge“ übereinstimmen, falls die Schneidezähne nicht mitgerechnet sind.
Hiernach ist der Schädel von Schussenried wesentlich kleiner, als
der des Diluvialpferdes von Remagen. Auch in den sonstigen Verhältnissen weicht er von diesem offenbar stark ab, zumal in der Breite und dem
eselartigen Typus. Nur in der Breite der Schnauze stimmt er mit unseren
Diluvialpferden überein.

Was die Form des Occipitalkammes an dem Schädel von Remagen be-
trifft, so ragt derselbe verhältnissmässig wenig nach hinten, viel weniger als bei
den meisten mir vorliegenden recenten Pferde-Schädeln. Dagegen ist er etwas
dicker und solider gebaut, und unmittelbar unter ihm finden sich mehrere ausgeprägte Hervorragungen, welche jedenfalls als Insertionspunkte des Ligamentum
nuchae gedient haben. Ob diese Bildung des Occipitalkammes und der darunter
liegenden Partie für das Diluvialpferd charakteristisch, oder nur eine individuelle
Eigenthümlichkeit des vorliegenden Exemplars ist, müssen spätere Unter-

---

1) Ueber die von Fraas angeführten Merkmale des Pferdeschädels im Gegensatz zum Esel-
schädel liesse sich theilweise sehr streiten. Siehe unten p. 111 f.

2) Das Pferd der württembergischen Höhlen soll nach Fraas mit dem von Schussenried
durchaus übereinstimmen.

suchungen erweisen. — Die Höhe des Hinterhauptsbeins ist verhältnissmässig bedeutend; sie beträgt vom oberen Rande des Foramen magnum ab gerechnet 68 *mm*, vom unteren Rande des Foramen magnum 109 *mm*. Vielleicht
hängt die geringe Entwickelung des Occipitalkammes mit dieser verhältnissmässig bedeutenden Höhe der Hinterhauptsschuppe zusammen.

2. Die Stirnbreite.

Wichtiger noch als die absolute Länge des Schädels ist für unsere Untersuchung das Verhältniss der Stirnbreite zur Schädellänge. Der Eindruck, den ein Pferdekopf auf den Beschauer macht, hängt ganz wesentlich von
der Breite der Stirn und der stärkeren, resp. schwächeren Entwickelung des
hinteren Augenhöhlenrandes ab, sowie von dem Verhältniss, in welchem dieser
Theil des Kopfes zu dem Gesichtstheile steht. Wir wissen, dass die Schädel
der Esel und der orientalischen Pferde verhältnissmässig breitstirnig, die Schädel
der schweren occidentalen Pferde im Allgemeinen schmalstirnig gebildet sind.
Dieses fällt schon dem oberflächlichen Beschauer auf; es wird auch durch meine
Messungen bestätigt. Zugleich ersehen wir aus denselben, dass die Zebras
entschieden schmalstirnig genannt werden dürfen und sich in dieser Hinsicht
weit von den Eseln entfernen. Es wird sich empfehlen, die von mir gemessenen
oder verglichenen Schädel der besseren Uebersicht wegen hier nochmals tabellarisch aufzuführen, und zwar geordnet nach dem Verhältniss der Basilarlänge zur Stirnbreite, die letztere = 100 angenommen.

Verhältniss der Basilarlänge zur Stirnbreite.

⊙ bedeutet männlich, ⊙̈ bedeutet weiblich.

193,7	Esel	⊙	alt	Nr. 1527[1]
199	„	⊙̈		„ 1191
203	„	⊙	sehr alt	„ 3118
204,5	„	⊙̈	6jährig	„ 1190
206	„	⊙	15jährig	„ 2011
207,7	„	⊙	30jährig	„ 19
208	„	⊙̈		„ 3787
208,6	Equ. taeniopus	⊙		„ 1787
216	Malteser-Esel	⊙	alt	„ 2010
224	E. hemionus	⊙̈	alt	„ 2520
225	Esel (?) aus Halle	⊙̈	alt	„ 1120
237	Maulthier	⊙	40jährig	„ 1612
212	Pferd	⊙̈	8—10jähr. Turk.	„ 970
218	„	⊙	7jährig Indien	„ 904
218	„	⊙̈	24jährig Island	„ 1342
221,7	„		3monatlich „	„ 1400[2]
221,7	„	⊙	sehr alt	„ 1360
222,5	„		5—6monatl.	„ 1399
223	foss. Torfmoor v Tribsees			„ 3948
223	Pferd	⊙̈	15j. Exmoor-Pony	„ 1263
223,8	„	⊙	9jährig Island	„ 1357
224	„	⊙̈	7jährig	„ 1889
224,8	„	⊙	8—10jähr. Pony von Renz.	Nr. 1977
225,7	„	⊙	5½jährig Island	„ 1327
226	„		4jährig Island	„ 1398
226	„		1jährig „	„ 1353
228	„		5—7monatl. Shetlands-Pony	„ 2212
228,5	„		2jährig Island	„ 1380
228	„	⊙	28j. Engl. Vollbl.	„ 919
229	„	⊙	sehr alt subfoss. Gera	
229	„	⊙	18j. Brabanter	Nr. 1600
229,5	„	⊙	8jährig Island	„ 1361
230	„	⊙	9jährig „	„ 1359
230,7	Pferd	⊙̈	9jähr. Trakehner	Nr. 3355
230,7	„	⊙	5jährig Araber	„ 816
232,7	„	⊙	15j. Gulbrandsdal.	„ 3785
234,4	„	⊙	cast. 28jähr. Lith.	„ 3851
236,8	„	⊙	7jährig Araber	„ 903
237	„	⊙̈	25jährig	„ 3314
238	„	⊙	13—14j. Isländer	„ 1322
239	„		subfoss. Schädel von Gera	
239	„	⊙̈	8jährig Däne	Nr. 1197
239	„	⊙	4—5j. Kalmück	„ 1441
240,7	„	⊙̈	5—6j. „Holsteiner"	„ 798

1) Die Altersangaben sind sowohl in dieser, als auch in der grossen Haupttabelle zum
grossen Theil autentisch, zum Theil beruhen sie auf Schätzung nach den Schneidezähnen.

2) Es sind hier auch einige jugendliche Schädel berücksichtigt, welche ich in der Haupttabelle fortgelassen habe.

241	.	⊙	8jähr. Clydesdale „	1260	253	. ⊙ alt Schleswig'sche
241,5	.	⊙	20j. Clevelandbay .	1506		Rasse　Nr. 821
241,4	.	⊙	8j. Graubünden .	1443	254,6	. ⊙ 9j. Pinzgauer nach Franck.
242	.	⊙	10jähr. Pinzgauer .	1448	255	„ ⊙ alt Graubünden　Nr. 1436
242,6	.	⊙	9jährig „ nach Franck.		255,5	. ⊙ 7j. Pinzgauer nach Franck.
243	.	⊙	5jähr. Oldenb.	Nr. 3781	257	. ⊙ 30jähr. Holländer
244	.	⊙	10—12j Trakehn. „	1430		Harttraber　Nr. 1200
244	,	⊙	10j. Holst. Geest-			
			Rasse	827	234 Zebra	⊙ 1½jährig　Nr. 1264
245	.	⊙	alt Graubünden „	1444	240	. ⊙ 7jährig „ 799
247,5	.	⊙	12jähr. „ .	1487	245	„ ⊙ 12jährig „ 1450
„ 249	.	⊙	10—12j. Diluvialpferd		248	. ⊙ 16jährig „ 800
			von Remagen.			

Aus vorstehender Tabelle ergiebt sich mit völliger Klarheit, dass die Hausesel die breitstirnigsten unter den Equiden sind. An sie schliesst sich unmittelbar E. taeniopus an, der nordostafrikanische Steppenesel, welcher jetzt gewöhnlich als der Stammvater des Hausesels betrachtet wird. Es ist nicht uninteressant, dass der Eselschädel, welchen unsere Sammlung aus der letzten zoologischen Sendung des verstorbenen Afrikareisenden Hildebrandt besitzt (Nr. 3787, bezeichnet „Kamul Habal, Ost-Afrika") dem E. taeniopus sowohl hinsichtlich der absoluten Grösse, als auch in den Proportionen sehr nahe steht.

Der Dschiggetai (E. hemionus) entfernt sich schon ziemlich weit von dem Gros der Esel und greift in den Index der kurzköpfigen Pferde hinein. Allerdings übertrifft ihn noch der angebliche Esel Nr. 1129 mit einem Index von 225. Aber dieser Schädel weicht in fast allen Punkten so weit von der typischen Form des Eselschädels ab und stimmt derartig mit den Formen der kleinsten Ponies überein, dass ich vermuthe, es habe hier eine Verwechselung stattgefunden. Der betr. Schädel gehört zu einem Skelett, welches Herr von Nathusius durch Vermittelung des verstorbenen Prof. Giebel aus Halle erhalten hat. Das übrige Skelett gehört nach meinen Messungen und Vergleichungen wirklich einem Esel resp. einer Eselin an. Dagegen glaube ich, dass der Schädel verwechselt ist, wie dergleichen leider oft genug durch die Unkenntniss und Flüchtigkeit der Präparatoren und Gehülfen geschieht. Giebel hat das Skelett jedenfalls nicht eigenhändig präparirt; ich weiss aus persönlicher Bekanntschaft, dass er solche Arbeiten Anderen überliess, und da hat der betr. Präparator wahrscheinlich den Schädel verwechselt. Nach Giebel's Mittheilung soll das Skelett von einer Eselin herrühren; der Schädel zeigt aber in allen 4 Kieferhälften so starke Hakenzähne, dass an ein weibliches Individuum kaum gedacht werden kann[1]). Auch die Lage des Auges, sowie das Verhältniss der Distanz vom For. magn. bis Vomer-Ausschnitt zu der Distanz vom Vomer-Ausschnitt bis zum Ende der Gaumennaht sprechen für meine Ansicht.

Dass dergleichen Verwechselungen gar nicht so selten vorkommen, dafür könnte ich eine ganze Reihe von Beispielen aufführen. So z. B. vermag ich mit aller Bestimmtheit nachzuweisen, dass das mit Nr. 1180 bezeichnete Pferde-Skelett unserer Sammlung, welches Herr v. Nathusius zugleich mit 3 Schädeln

---

1) Vgl. auch die von Wilhelm v. Nathusius herausgegebenen Fragmente p 348 f., wo dieser Schädel als männlich angeführt und auf seinen abweichenden Breitenindex hingewiesen wird.

(Nr. 1180, 1181 und 1182) von dem früheren Präparator der Thierarzneischule hierselbst erhalten hat, nicht zu Schädel 1180 gehört, sondern zu Schädel 1181. Ich führe dieses an, weil Herr Wilh. v. Nathusius in den schon mehrfach zitirten Fragmenten sowohl über den Schädel 1180, als auch über das Skelett einige Messungen publizirt hat, und es somit erwünscht sein muss, andere Autoren vor der Benutzung der betr. Zahlen zu warnen. Der Schädel 1180 gehört einem ziemlich kleinen, schmalstirnigen Pferde an, Nr. 1181 dagegen einem wesentlich grösseren, breitstirnigen und sehr hochbeinigen Individuum. —

Man ersieht aus den obigen Mittheilungen, dass solche Untersuchungen, wie die von mir mitgetheilten, auch nebenbei noch manche Resultate abwerfen, welche zunächst gar nicht in's Auge gefasst waren.

Kehren wir nach diesem Exkurse zu unserer Tabelle zurück, und fassen wir die Schädel der eigentlichen Pferde in's Auge! Wir sehen, dass ihr Index zwischen 212 und 257 sich bewegt, also innerhalb sehr weiter Grenzen. Das kurzköpfigste, resp. breitstirnigste Pferd unserer Sammlung ist die sub Nr. 970 verzeichnete turkistanische Stute, deren Skelett Herr von Schlagintweit einst von seiner Reise (aus Busched) mitgebracht hat. Ihr Index ist kleiner als der des Malteser Esels, wenngleich nicht so klein, wie derjenige der übrigen Esel

An diese turkistanische Stute schliesst sich dann zunächst der Schädel eines indischen Hengstes, welcher ebenfalls aus Herrn von Schlagintweit's Sammlungen herrührt. Es folgen dann alle die Ponies, zumal auch die Isländer, sowie die Araber und solche Pferde, in denen arabisches Blut vorausgesetzt werden darf, wie Englisch Vollblut, Trakehner[1]). Auch die Schädel einiger Pferde aus Torfmooren und frühhistorischen Fundstätten reihen sich den mehr oder weniger breitstirnigen Rassen ein. Am äussersten Ende der Reihe stehen die Schädel der schweren occidentalen Pferde. Letztere sind, mit Ausnahme des Brabanters[2]), sämmtlich schmalstirnig, am schmalstirnigsten die 30jährige Stute der alten holländer Harttraber-Rasse, ein Thier, welches nach der Angabe Hermann v. Nathusius' ein ausgezeichneter Repräsentant dieser Rasse gewesen sein soll.

Die Grenze zwischen den breitstirnigen und den schmalstirnigen Schädeln liegt ungefähr bei 240. Diejenigen, welche einen geringeren Längenindex haben, dürfen wir als „breitstirnig“ bezeichnen, diejenigen mit höherem Längenindex als „schmalstirnig“. Sanson hat die Ausdrücke brachycephal und dolichocephal aus der Anthropologie in die Hippologie übertragn[3]); doch passen dieselben, genau genommen, nicht, wie Eichbaum auf Grund seiner Messungen richtig hervorhebt[4]). Man würde, da es beim Pferdeschädel wesentlich auf die grössere oder geringere Entwickelung des Gesichtstheiles ankommt, richtiger die Ausdrücke: „dolichoprosop“ und „brachyprosop“ (also mit langem, resp. kurzem Gesichtstheil) anwenden.

---

1) Der eine Trakehner folgt erst weiter unten; doch ist die Provenienz dieses Individuums nicht ganz zweifellos.

2) Bei diesem Brabanter dürfen wir sicher eine wesentliche Beimischung orientalischen Blutes annehmen.

3) Sanson, Traité de Zootechnie, III, p. 9 ff. Vergl. oben p. 89.

4) Eichbaum, Craniometr. Untersuchungen am Pferdeschädel, im Arch. f. wissensch und prakt. Thierheilk. VIII, 6. p. 445. Die von Eichbaum eruirten Rassen-Unterschiede liessen sich an unserem diluvialen Schädel nicht näher prüfen.

Das Diluvialpferd von Remagen gehört, soweit man dieses nach dem einzigen vorliegenden Schädel beurtheilen kann, zu den schmalstirnigen Pferden. Allerdings ist die Umgebung des rechten Auges stark lädirt und die Umgebung des linken Auges ein wenig nach vorn gedrängt. Aber so viel kann man aus der wohlerhaltenen Umrandung des linken Auges mit Bestimmtheit erkennen, dass der hintere Augenhöhlenrand auch am völlig intakten Schädel nicht vorspringend war, sondern eher zurückweichend. Man kann die ganze Stirnbreite nicht mit voller Sicherheit messen; man muss sie theilweise taxiren. Doch ist sie sicherlich nicht grösser als 215 mm gewesen; ich habe sie nur auf 212 mm taxirt und bin so auf den Längenindex 249 gekommen. Nimmt man die Stirnbreite auf 215 mm an, so ergiebt sich ein Index von 245,6, der noch immer gänzlich in den Bereich der schmalstirnigen Pferde fällt.

An dem von Woldrich beschriebenen Schädel des Diluvialpferdes aus dem Löss von Nussdorf bei Wien sind die Augenhöhlen leider derartig eingedrückt, dass die ursprüngliche Breite der Stirn nicht konstatirt werden konnte. Das Pferd von Schussenried ist offenbar breitstirnig; Fraas giebt „die Breite" des Schädels, wie schon oben bemerkt wurde, auf 210 mm an. Diese Angabe kann sich nur auf die Stirnbreite beziehen, oder auf die Breite an den Jochbogen. Im letzteren Falle würden wir die Stirnbreite noch etwas höher annehmen müssen. Vergleicht man die Breite mit der Länge (Scheitellänge!, da wir die Basilarlänge nicht kennen), so erkennt man deutlich die Breitstirnigkeit.

Der fossile Schädel, welcher 1868 in den diluvialen Sanden bei Grenelle in der Umgegend von Paris gefunden ist und in der palaeontologischen Sammlung des naturhistorischen Museums zu Paris aufbewahrt wird, soll nach Sanson völlig mit dem Schädel eines heutigen Percheron-Pferdes übereinstimmen[1]), welches Sanson als den Typus seines E. cab. sequanus ansieht und für eine autochthone, aus dem Pariser Becken hervorgegangene Form des Hauspferdes hält. Ueber die Stirnbreite jenes diluvialen Schädels von Grenelle ist mir Genaueres nicht bekannt geworden; da jedoch Sanson seinen E. cab. sequanus zu den „dolichocephalen Pferden" zählt, so muss wohl auch jenes Diluvialpferd schmalstirnig sein.

Das vielbesprochene Diluvialpferd von Solutré, von dem jedoch kein Schädel bekannt ist, soll völlig mit dem Ardenner Pferde (E. cab. belgius Sanson) übereinstimmen, also ebenfalls mit einer „dolichocephalen" Rasse[2]). Ob sich dieses ohne Kenntniss des Schädels mit Sicherheit behaupten lässt, möchte ich bezweifeln; doch kann es thatsächlich ja sehr wohl richtig sein. Freilich stimmt damit das, was Fraas über die Aehnlichkeit seines württembergischen Diluvialpferdes mit dem französischen sagt, nicht recht zusammen.

Jedenfalls ist unser Diluvialpferd von Remagen ein schmalstirniges gewesen; es ähnelt in der Schädelform und in der Umrandung der Augen unseren alten mittelschweren Niederungs-Rassen.

Anders steht es mit vielen der aus alluvialen Ablagerungen, resp. Torfmooren, Pfahlbauten, prähistorischen Grabstätten stammenden Pferdeschädel[3]).

---

1) Sanson, Traité de Zootechnie, III, p. 100 f

2) Ebendaselbst. Vergl auch Piétrement, a. a. O. p. 109.

3) Hierher gehören auch die aus einer früh-mittelalterlichen Fundstätte herrührenden kleinen Pferdeschädel, welche Herr Fabrikant Korn in Gera besitzt und mir früher einmal zur Untersuchung übersandt hat. (Nr. 12 und 24 unserer Haupttabelle).

An diesen Fundstätten sind vielfach die Reste einer kleinen, zierlich gebauten, breitstirnigen Rasse zum Vorschein gekommen, welche von dem schweren Diluvialpferde in vielen Punkten abweicht und dem Schussenrieder Pferde ähnelt. Dahin gehören die von Naumann beschriebenen Pferdereste aus den Pfahlbauten des Starnberger See's[1]), dahin gehören die meisten Pferde der jüngeren Pfahlbauten der Schweiz, welche kürzlich von Prof. Studer (Bern) eingehend beschrieben sind[1]), dahin gehören auch manche Equus-Reste aus norddeutschen Mooren und verwandten Fundstätten, wie z. B. aus den Oldenburgischen Kreisgruben[1]).

Unsere Sammlung besitzt solche Reste theils aus dem durch seine herrlichen Bronzesachen berühmt gewordenen Pfahlbau von Spandau, theils aus einem Torfmoor bei Tribsees in Neu-Vorpommern, theils auch aus den Oldenburgischen „Kreisgruben"[2]). Ich hatte ursprünglich die Absicht, auch diese Moorpferde hier ausführlich zu behandeln; doch habe ich schliesslich darauf verzichtet, einerseits, weil diese Abhandlung dadurch allzu umfangreich geworden wäre, andererseits, weil ich mich über jene kleinen Pferde erst noch durch weitere umfassende Studien und Vergleichungen genauer orientiren will. Ich habe jedoch einige dahin gehörige Reste zum Vergleich mit dem Diluvialpferde abbilden lassen. Vergl. Taf. VI, Fig. 7. Taf. VII, Fig. 6 u. 7. Taf. VIII, Fig. 7. Taf. IX, Fig. 2, 4, 6, 9, 11.

Diese Abbildungen liefern den Beweis, dass wir es hier mit einem wesentlich kleineren, zierlich gebauten Pferde zu thun haben, welches in vielen Punkten dem arabischen Pferde ähnelt. Besonders wichtig ist zum Vergleich der auf Taf. VII, unter Fig. 7 dargestellte wohlerhaltene Schädel. Derselbe stammt aus dem Torfmoore bei Tribsees, wo er in einer Tiefe von 12 bis 15 Fuss zum Vorschein gekommen ist, und zwar nicht weit von einer Stelle, an welcher prähistorische Waffen und Instrumente gefunden sind. Herr Lehrer Bandlow in Tribsees hat den Schädel an Ort und Stelle von den Arbeitern erworben und ihn dann unserer Sammlung überlassen. Derselbe stammt von einem sehr alten Hengste. Die Zähne fehlen meistens; im Uebrigen ist der Schädel, trotzdem er die echte Fossilität-stufe der Moorfunde zeigt, sehr wohl erhalten. Aus unserer Abbildung, sowie aus den von mir in der grossen Tabelle mitgetheilten Maassen geht deutlich hervor, dass dieser Schädel einem kleinen, ponyartigen, sehr breitstirnigen Pferde angehört hat.

Dasselbe ist von den Resten des zum Bronzefunde von Spandau gehörigen kleinen Pferdes, sowie von den Pferden der Oldenburgischen Kreisgruben zu sagen. Liegen uns auch keine vollständigen Schädel desselben vor, so deuten doch die Grösse und Form des Gebisses, die Gestalt des Unterkiefers, die Dimensionen der Extremitäten-Knochen auf dieselbe kleine Rasse hin, welche manches Eselartige an sich hatte[3]).

---

1) Vergl. Naumann, Arch. f. Anthrop. VIII, 1. Braunschweig 1875. — Studer, Mitth. der Berner naturf. Ges. Bern 1883. — Wiepken, Ueber Säugethiere d. Vorzeit etc., Oldenburg 1888.

2) Die Spandauer Pferdereste verdanken wir hauptsächlich Herrn Oberstabsarzt Dr. Vater in Spandau, der sich um den Spandauer Bronzefund wesentliche Verdienste erworben hat; die Oldenburger Pferdereste hat uns Herr Dir. Wiepken in Oldenburg freundlichst überlassen.

3) Sehr auffällig ist in dieser Hinsicht die Bildung der „Kunden" an den Schneidezähnen des Taf. VII, Fig. 6 dargestellten Unterkiefers, welche auch ein mir vorliegender Unterkiefer aus den Oldenburgischen Kreisgruben zeigt. Eine ähnliche, wenn auch nicht ganz so

Neben dieser kleinen breitstirnigen Rasse haben aber in derselben Periode
auch noch schmalstirnige Pferde existirt, und zwar von verschiedener Statur,
theils ebenso klein wie jene breitstirnige Rasse, theils etwas grösser, theils von
ähnlicher Grösse und Schwere, wie das Diluvialpferd war. Es liegen mir
mehrere beachtenswerthe Funde vor, welche dieses beweisen. Ich werde auf
diese Dinge am Schluss meiner Arbeit nochmals zurückkommen und meine
Ansichten über das Verhältniss der genannten Rassen, resp. Formen des Pferdes
zu den diluvialen Pferden auseinandersetzen.

3. Die Lage des Auges.

Mit der stärkeren oder geringeren Entwickelung des Gehirnschädels pflegt
die Lage des Auges eng zusammen zu hängen. Ist der Gehirntheil stark entwickelt, so pflegt das Auge mehr vorwärts und seitwärts zu liegen; umgekehrt
ist es bei geringerer Entwickelung des Gehirnschädels und starker Entwickelung
des Gesichtstheils.

Um die Lage des Auges zu bestimmen, habe ich die schon oben besprochenen
Linien gemessen. Man kann vielleicht darüber streiten, ob es sich in jeder
Beziehung empfiehlt, gerade den äussersten Punkt des hinteren Augenhöhlenrandes für diesen Zweck zu benutzen; mancher möchte vielleicht die Vorderecke der Augenhöhle vorziehen. Aber ich habe mich für den ersteren Punkt
entschieden, da er mit dem äussersten Punkte der von mir gemessenen Stirnbreite zusammenfällt und von der besonderen Schädelform der einzelnen Rassen
viel mehr abhängig ist, als die Vorderecke der Augenhöhle.

In der That zeigt denn auch der von mir für die Abschnitte der Augenlinie berechnete Index ein ziemlich bestimmtes Verhältniss bei den verschiedenen Equiden. An denjenigen Schädeln, welche eine starke Entwickelung
des Gehirnschädels aufweisen, ist der Index für den vorderen Abschnitt der
Augenlinie niedrig; das Auge liegt verhältnissmässig weit nach vorn,
wie bei den Eseln, Ponies und arabischen Pferden. Der Index bewegt
sich bei den Eseln ungefähr zwischen 156 und 170, bei den Ponies und den
orientalischen Pferden zwischen 180 und 190.

Dagegen liegt das Auge der schweren occidentalen Pferde durchweg verhältnissmässig weit nach hinten (oben); der Augenlinien-Index
steigt meist über 190 und erhebt sich sogar bei den langköpfigsten Rassen bis
über 200. Allerdings scheinen hier wieder gewisse Unterschiede vorzukommen;
wenigstens ist es mir aufgefallen, dass die Graubündner Pferde zwar schmalstirnig sind, das Auge jedoch ziemlich weit nach vorn haben. Im Allgemeinen
geht aber die nach hinten gerückte Lage des Auges mit der Schmalstirnigkeit,
resp. Langköpfigkeit pari passu. So hat denn z. B. die 30jährige Holländer
Harttraber-Stute nicht nur den schmalsten Schädel von allen, sondern ihr
Auge steht auch so weit nach hinten, dass der vordere Abschnitt der Augenlinie über doppelt so lang ist, wie der hintere.

An dem Schädel des Diluvialpferdes von Remagen lässt sich die
Lage des Auges nicht mit absoluter Sicherheit feststellen, weil der hintere
Augenhöhlenrand des rechten Auges fehlt, und die wohlerhaltene Umgebung

---

auffällige Bildung der Kunden habe ich mehrfach an den unteren Schneidezähnen der Esel und
der Isländer Pferde gefunden. — Eigenthümlich ist bei dem Spandauer Pferde auch die Stellung der unteren Hakenzähne dicht hinter den äusseren Schneidezähnen.

des linken Auges etwas nach vorn gedrängt ist. Dennoch glaube ich kaum
einen nennenswerthen Fehler zu begehen, wenn ich den hinteren Abschnitt der
Augenlinie auf 208, den vorderen auf 402 gemessen, und danach den Index
auf 193 berechnet habe. Das Auge hat eher noch weiter rückwärts als vorwärts gelegen, und es gehört unser Diluvialpferd auch in diesem Punkte
zu den schweren occidentalen Pferden, wenn es auch nicht gerade eine
extreme Bildung hierin zeigt.

4. Die Proportionen der Basilar- und Gaumengegend.

Franck hat auf die Bedeutung der in der Ueberschrift bezeichneten Proportionen zuerst mit Nachdruck hingewiesen, und ich habe auch sie an meinem
Materiale genauer verglichen.

Franck macht darauf aufmerksam, dass die Entfernung von der Mitte des
unteren (vorderen) Randes des Foramen magnum occ. bis zur Mitte des Pflug-
schaar-Ausschnittes bei den Pferden stets grösser sei, als die Entfernung von
dem letztgenannten Punkte bis zum Ende der Gaumennaht (Mitte des Hinter-
randes der Gaumenbeine). Bei den Eseln sei es umgekehrt. Dieses ist im
Allgemeinen richtig. Doch ist es auffallend, dass E. taeniopus, der doch als
Stammvater des Hausesels gilt, in diesem Punkte sich wie die Pferde verhält[1]).
Vielleicht würde hieraus folgen, dass jenes abweichende Verhältniss der oben genannten Proportionen bei dem Hausesel erst eine Folge der Jahrtausende hin-
aufreichenden Domestikation sei.

Der Dschiggetai steht in diesem Punkte den Hauseseln nahe; doch ist
die Differenz zwischen beiden Dimensionen unbedeutend (113 : 117).

Die Zebra-Schädel unserer Sammlung zeigen ein unter sich abweichendes
Verhalten; bei Nr. 799 haben wir das Verhältniss wie beim Pferde, bei Nr. 800
und 1264 wie bei den Eseln. (Bei Nr. 1450 fehlt etwas vom Gaumen.)

Bei den Pferden (s. str.) finden wir regelmässig das von Franck betonte
Verhältniss. Doch ist hervorzuheben, dass die Differenz der beiden Dimensionen
bei den Ponies oft sehr gering ist und somit eine Annäherung derselben an
die Esel auch in diesem Punkte, sowie in manchen anderen, stattfindet[2]). Bei
dem Isländer Nr. 1327 sind beide Dimensionen völlig gleich (110 : 110), bei
dem Schädel aus dem Torfmoor von Tribsees fast völlig gleich (110 : 108 mm).

Das Diluvialpferd von Remagen erweist sich auch in diesem Punkte
als ein echtes Pferd (Equus caballus), ohne irgend welche Esels-Aehnlich-
keit; wir haben bei ihm das Verhältniss von 139 zu 111. (Vergleiche unsere
Abbildung Taf. V, Fig. 1.) Das hintere Ende der Gaumennaht ist zwar nicht
erhalten; doch ist so viel von dem freien Rande der Gaumenbeine vorhanden,
dass man jenen Punkt mit voller Sicherheit rekonstruiren kann.

Die Lage des freien Randes der Gaumenbeine, welcher die vordere
Begrenzung der Choanen bildet, ist nach Franck ebenfalls charakteristisch für
die Abgrenzung der Hauptrassen des Hauspferdes. Jener Rand reicht bei den
schweren occidentalen Pferden meist nur knapp bis zur vorderen Grenze
des letzten Backenzahns (m 3); bei den orientalischen Pferden reicht er
meist weiter nach vorn, d. h. bis zur Mitte oder selbst bis zum Vorderrande

---

1) Der schon oben pag. 106 ausführlich besprochene angebliche Esel-Schädel 1129 verhält
sich hierin wie ein Pferd, was meine oben ausgesprochene Vermuthung unterstützt.

2) Unser Maulthier-Schädel zeigt in diesem Punkte das Verhältniss der Pferde; bei dem
grossen Malteser Esel sind beide Dimensionen völlig gleich.

des *m* 2. Ebenso ist es bei den Ponies, welche Franck durchweg zu den orientalischen Pferden rechnet. Dagegen sollen sich die Esel in diesem Punkte wie die norischen Pferde verhalten. Letzteres kann ich nach meinem Materiale keineswegs bestätigen; im Gegentheil, es ähneln die Esel auch in diesem Punkte wie in vielen anderen Verhältnissen den orientalischen Pferden.

Das Diluvialpferd von Remagen zeigt das Verhalten der schweren occidentalen Pferde; der Choanenrand liegt kaum so weit nach vorn, wie die vordere Grenze von *m* 3. (Vergl die Abbildung!)

Auch in der Lage des mittleren Gaumenloches[1], sowie in der starken Entwickelung des Tuber maxillare gleicht unser Diluvialpferd völlig den schweren occidentalen Pferden und weicht von den Pferden der orientalischen Hauptrasse ab.

Ich denke, dass nach den obigen Ausführungen und Vergleichungen wohl kaum noch ein Zweifel an der grossen Aehnlichkeit zwischen unserem schweren Diluvialpferde und den schweren occidentalen Pferden aufkommen kann, soweit sich dergleichen überhaupt aus den Charakteren des Schädels nachweisen lässt.

Um aber zukünftige Vergleichungen zu erleichtern, gebe im Folgenden noch einige Messungen, welche bisher nicht erwähnt wurden. Dieselben konnten vorläufig nicht mit meinem gesammten Materiale verglichen werden, weil ich den Schädel von Remagen erst zugeschickt erhielt, als meine Arbeit in der Hauptsache vollendet und die Vorbereitungen zum Druck schon getroffen waren.

5. Sonstige Maasse des Schädels von Remagen.

1. Von der Mitte des unteren Randes des For. magn. occ. bis unmittelbar vor den vordersten Backenzahn (*p* 3) 392 *mm* (Graubündner ♂ Nr. 1443 394 *mm*, Araber ♂ Nr. 903 353 *mm*.) Vergl. Taf. V, Fig. 1 die Entfernung von *a* bis *e*.

2. Von der Mitte des Occipitalkammes bis vor *p* 3, direkt gemessen, 430 *mm*.

3. Vom For. magn. bis zum Hinterende von *m* 3, also bis zum Ende der oberen Backenzahnreihe, 227 *mm* (Graubündener 225, Araber 189).

4. Vom For. magn. bis zur Vorderecke[2] der sog. Gesichtsleiste 307 *mm* (Graubündener 310, Araber 274).

5. Vom äussersten (hintersten) Punkte eines der Hinterhauptskondylen bis vor *p* 3 derselben Seite 418.

6. Grösste Breite der Hinterhauptskondylen zusammengenommen 98 *mm* (Graubündener 94, Araber 88).

7. Breite des Hinterhauptsloches in seinem oberen Abschnitte 45, grösste Länge (resp. Höhe) desselben 46 (Graubündener 37, resp. 43).

8. Breite des Schädels an der Basis der Processus styloidei sive jugulares (Drosselfortsätze) des Hinterhauptes, diese mitgerechnet, 125 (Graubündner 110, Araber 112).

9. Breite des Occipitalkammes 58 (Graubündner 62).

---

1) Vergl. Franck, a. a. O. p. 39.
2) Diese Vorderecke liegt über dem vorderen Drittel von *m* 1; sie erreicht nicht den Hinterrand von *p* 1.

10. Breite der eigentlichen Gehirnkapsel über den Proc. zygom. oss. temp. 121 (Graubündner 118, Araber 116).

11. Breite zwischen den äussersten Ecken der Gelenkflächen für den Unterkiefer[1]) 202 (Graubündener 208, Araber 193).

12. Entfernung von diesem äussersten Punkte der Unterkiefergelenkfläche bis zur Vorderecke der entsprechenden Gesichtsleiste 210 (Graubündner 218, Araber 181).

13. Breite des Gesichtstheils zwischen den Vorderecken der Gesichtsleisten 157. (Ursprünglich wohl 160—162, da der Schädel in dieser Partie eine geringe seitliche Pressung erlitten hat und jene Dimension in Folge dessen etwas verkürzt ist).

14. Breite zwischen den Vorderecken von $p\,3\ p\,3$ 79 (ursprünglich wohl 80—82 mm); Graubündener 81.

15. Breite des Gaumens auf der Grenze von $m\,2$ und $m\,3$ 71 (ursprünglich etwa 75); die genannten Zähne mitgemessen, also von dem Aussenrande des rechten Oberkiefers bis zu dem des linken 120 (ursprünglich wohl 124) Graubündener 129.

16. Breite zwischen den oberen (hinteren) Ecken der Unteraugenhöhlenlöcher (For. infraorbit.) 86 (ursprünglich wohl 90).

17. Höhe der Hinterhauptsschuppe vom oberen Rande des For. magn. bis zur Mitte des Occipitalkammes 68.

18. Höhe des Hinterhauptes vom unteren (vorderen) Rande des For. magn. bis zur Mitte des Occipitalkammes 109 mm.

Im Uebrigen verweise ich auf unsere Abbildung Taf. V, Fig. 1, welche die Dimensionen möglichst korrekt in ⅓ nat. Gr. wiedergiebt.

6. Der Unterkiefer.

Von Thiede und Westeregeln liegen mir nur Unterkiefer-Fragmente vor. Die Unterkiefer von Remagen, welche zum Theil sehr schön erhalten sind, kenne ich zwar aus eigener Anschauung; doch habe ich mir damals keine genauen Notizen darüber gemacht, und ich bin deshalb in dieser Beziehung auf die Mittheilungen des Herrn Direktor Schwarze angewiesen.

Die Backenzahnreihe hat an dem angeblich zu dem oben besprochenen Schädel gehörigen Unterkiefer eine Gesammtlänge von 179 mm (an den Alveolen gemessen).

Die Dimensionen der einzelnen Zähne sind folgende:

$p\,3$		$p\,2$		$p\,1$		$m\,1$		$m\,2$		$m\,3$	
lg.	br.	lg.	br.	lg.	br.	lg.	br.	lg.	br.	lg.	br.
31	16	29	18	29	16	27	15	29	15	31	13

Die Backenzähne von Thiede zeigen zum Theil etwas bedeutendere Dimensionen, wie z. B. die auf Taf. VII, Fig. 1 dargestellten Exemplare. Von diesen ist der vorderste ($p\,3$) 35 mm lang, 20 mm breit, der zweite ($p\,2$) 32,5 mm lang, 23 mm breit. Aehnlich ist es mit einigen anderen Exemplaren. Doch finden hierin offenbar, je nach Alter und Geschlecht, ziemlich bedeutende

---

6) Taf. V, Fig. 1. von *f* bis *g*.

Schwankungen statt, wie die von Herrn Schwarze (a. a. O. p. 21) publizirte, sehr reichhaltige Maasstabelle zeigt.

Nicht nur die Dimensionen der Kauflächen, sondern auch die Kräuselung und Form der Schmelzschlingen differiren je nach dem Abnutzungsgrade der Zähne ganz bedeutend, so dass sich feste Anhaltspunkte zur Bestimmung der Rasse aus den Unterkiefer-Backenzähnen noch weniger gewinnen lassen, als aus den Oberkiefer-Backenzähnen.

Der vorderste Backenzahn ist von dem dritten (äusseren) Schneidezahne an dem oben erwähnten Unkelsteiner Unterkiefer 91 *mm* entfernt. An dem Unterkiefer eines sehr jungen Füllens von Westeregeln beträgt diese Entfernung nur 28 *mm*.

Die Länge des Unkelsteiner Unterkiefers, welcher zu dem oben beschriebenen Schädel gehören soll, beträgt nach einer brieflichen Mittheilung des Herrn Schwarze 445 *mm*, die Höhe 235 *mm*. Dieses kann aber nicht richtig sein, wenigstens nicht hinsichtlich der Länge. Hat Herr Schwarze die Länge wirklich so gemessen, wie ich es ihm brieflich angedeutet hatte, so gehört der betr. Unterkiefer nicht zu dem Oberschädel. Zu letzterem passt nur ein Unterkiefer, welcher mindestens 460, vielleicht sogar 465 *mm* lang gewesen ist.

Die Länge des Unterkiefers, wie ich sie messe, d. h. von der Spitze des Incisivtheiles zwischen i1 i1 bis zum Hinterrande der Gelenkwalze des Condylus, lässt sich am Oberschädel kontrolliren; sie muss mit der Entfernung der hinteren Grube des für den Unterkiefer-Condylus bestimmten Gelenkes (am Schläfenbeine) von der Spitze des Intermaxillare zwischen den mittleren oberen Schneidezähnen so gut wie vollständig übereinstimmen, und es ist dieses bei den von mir gemessenen recenten Pferdeschädeln auch wirklich der Fall. Bei dem Diluvialpferde von Remagen kann dieses nicht anders gewesen sein, und ich habe deshalb die von mir am Oberschädel desselben ermittelte Länge des Unterkiefers (460 *mm*) ohne Bedenken in meine Tabelle aufgenommen.

Vermuthlich ist auch die Höhe des thatsächlich zu dem Oberschädel gehörigen Unterkiefers etwas bedeutender gewesen, als 235 *mm*. Doch unterliegt die Höhe des Unterkiefers nach meinen Messungen so auffallenden individuellen Schwankungen, dass ich in dieser Hinsicht keine bestimmte Schätzung angeben mag. Ich würde über diese Punkte noch genauer mit Herrn Schwarze correspondirt haben; da derselbe aber leidend ist, darf ich ihn nicht weiter mit Anfragen behelligen und muss mich mit den obigen Mittheilungen begnügen.

Ich will nur noch bemerken, dass, wenn der betr. Unterkiefer wirklich nur 445 *mm* lang ist, man daraus erkennen kann, dass auch kleinere Individuen mit einer Basilarlänge des Schädels von ca. 510—515 *mm* in dem Löss von Remagen ihr Grab gefunden haben. —

Das Verhältniss, in welchem die Basilarlänge des Schädels zur Länge des Unterkiefers steht, ist bei den Equiden ein ziemlich konstantes. Es beträgt, wenn wir letztere Dimension = 100 setzen, bei dem kaukasischen Esel Nr. 1191 109, bei E. taeniopus 109,6, bei dem ostafrikanischen Esel Nr. 3787 110,7, bei E. hemionus 109,3. Bei zwei von den Zebra-Schädeln habe ich die Zahlen 112,4 und 112,6 herausgerechnet. Bei Equus caballus schwankt die Zahl zwischen 109,8 und 115,6; doch habe ich sie nicht für alle Schädel berechnet. Nehmen wir bei dem diluvialen Schädel von Remagen die

Unterkieferlänge = 460 an, so erhalten wir die Verhältnisszahl 115, was mit dem Graubündener Pferde Nr. 1443 fast übereinstimmen würde. Auch in diesem Punkte steht das Diluvialpferd von Remagen, vorausgesetzt, dass die von mir ermittelte Unterkieferlänge richtig ist, weit ab von den Eseln, sowie auch von den meisten Arabern; es stimmt dagegen mit den schmalstirnigen occidentalen Pferden überein. Doch lege ich auf diesen Punkt kein wesentliches Gewicht.

Mit Hülfe obiger Verhältnisszahlen kann man aus vereinzelt gefundenen Unterkiefern mit annähernder Sicherheit die Grösse, resp. die Basilarlänge des zugehörigen Oberschädels berechnen. Wir besitzen von dem kleinen Pferde des Spandauer Bronzefundes ausser zahlreichen Extremitätenknochen einen wohlerhaltenen Unterkiefer, während vom Oberschädel nur die Maxillaria mit den Backenzahnreihen (Taf. VI, Fig. 7) und einige Fragmente erhalten sind. Der Unterkiefer (Taf. VII, Fig. 6) hat eine Länge von 374 *mm*; die Backenzahnreihe misst 168 (an der Kaufläche 160), das Diastema ist verhältnissmässig kurz. Wir können aus der ganzen Form des Unterkiefers, zumal auch aus der Kürze des Diastema schliessen, dass der zugehörige Oberschädel nicht sehr gestreckt war. Nehmen wir also für das Verhältniss des Unterkiefers zum Oberschädel in diesem Falle 100 : 112 an, so ergiebt sich als wahrscheinliche Basilarlänge des Schädels 418—419 *mm*, was der Wahrheit sehr nahe kommen dürfte.

In derselben Weise habe ich die Basilärlänge des Schädels für das fossile Pferd der Oldenburgischen Kreisgruben nach zwei mir vorliegenden, von Herrn Direktor Wiepken übersandten Unterkiefern (von 386 und 396 *mm* Länge) auf 432, resp. 443 *mm* berechnet. Denkt man sich die betr. Rasse noch kurzköpfiger, worauf etwaige Schädelfragmente hindeuten können, so legt man das Verhältniss 100 : 110 zu Grunde; unter dieser Voraussetzung würden wir für das Kreisgrubenpferd 424, resp. 435 Basilarlänge erhalten.

Nachtrag zu den Schädel-Messungen.

Als Anhang und Nachtrag zu meinen Schädel-Messungen gebe ich hier einen Auszug aus der Messungs-Tabelle, welche Poliakoff in seiner 1881 erschienenen Arbeit[1]) über Equus Przewalskii n. sp. mitgetheilt hat. Leider ist diese interessante Arbeit in russischer Sprache geschrieben, und ich konnte sie deshalb für meine Abhandlung nicht recht verwerthen, zumal sie mir erst nachträglich unter die Hände kam. Doch bin ich durch die Güte des Herrn Prof. Anutschin zu Moskau in die Lage versetzt, wenigstens die Messungstabelle in der Hauptsache verstehen zu können, und ich theile deshalb hier als Anhang und Nachtrag diejenigen Messungen Poliakoff's mit, welche mir als Ergänzung meiner grossen Messungstabelle besonders wichtig erschienen.

Vor Allem interessant sind sie für die Proportionen des Basilartheiles des Schädels, zumal für das Verhältniss der Entfernungen vom For. magn. bis zum Vomer-Ausschnitt und von dort bis zur Mitte des Choanen-Randes. Wir sehen, dass bei E. onager die letztere Dimension durchweg[2]) überwiegt, wie wir es regelmässig bei E. asinus beobachtet haben, dass dagegen E. hemionus in

---

1) Mittheil. d. geogr. Ges. in Petersburg 1881.
2) Mit Ausnahme eines Exemplars, bei dem die erstere Dimension 1 *mm* länger ist.

diesem Punkte nicht konstant ist, indem das von Poliakoff verglichene Exemplar das umgekehrte Verhältniss zeigt, wie unser Exemplar. E. Burchelli verhält sich, wie E. asinus; E. zebra, E. hinnus und E. Przewalskii zeigen das Verhältniss, welches wir von E. caballus kennen[1]).

Messungen von Equus-Schädeln nach Poliakoff	Basilarlänge (wahrscheinlich incl. Schneidezähne)	Scheitellänge (ebenso)	Vom For. magn. occipt. bis Mitte des Vomer-Ausschnitts	Vom Vomer-Ausschnitt bis Mitte des Choanen-Randes	Vom For. magn. occipt. direkt bis Mitte des Choanen-Randes	Von d Mitte des Choanen-Randes bis zu den mittl. Schneidezähnen	Entfernung des äusseren Schneidezahns vom vordersten Backenzahn
1. Equus Przewalskii n. sp. ♂ 8 jähr. aus der Sandsteppe Kanabo . . .	445	493	112	101	209	227	87
2. Equus hemionus Pall. Daurien Nr. 515	475	528	116	111	216	247	82
8. „ onager Pall. adult. Nr. 513	434	492	93	122	212	212,5	84
4. „ „ „ „ 516	453	506	105	115	212	225	67
5. „ „ „ „ 511	475	537	109	120	228	241	83
6. „ „ „ „ 1075	451	512	105	114	218	231	69
7. „ „ „ „ 1074	423	471	106	105	208	207	66
8 „ „ „ „ 1076	408	467	97	107	202	203	62
9. „ „ „ „ 1068	394	447	97	99	192	196	80
10. „ Burchelli „ 112	460	519	106	110	211	237	92
11. „ Zebra „ 111	448	498	111	103	214	222	82
12. „ hinnus „ 113	435	487	107	104	204	221	71

Das übrige Skelett unseres Diluvialpferdes.

Nachdem die Betrachtung des Schädels uns gezeigt hat, dass unser nord- und mitteldeutsches Diluvialpferd mit den sogenannten occidentalen Pferden der Jetztzeit und zwar mit den mittelgrossen schweren Rassen[2]) eine auffallende Aehnlichkeit aufweist, fragt es sich, ob auch die übrigen Skelettheile diesem Verhältnisse entsprechen. Ich kann diese Frage unbedingt bejahen; ja, ich glaube behaupten zu können, dass der Charakter eines mittelgrossen schweren Pferdes sich in den mir vorliegenden Extremitäten-Knochen des Diluvialpferdes von Thiede und Westeregeln, sowie in den mir bekannt gewordenen Resten von Quedlinburg, Remagen, Steeten, Gera, etc. noch deutlicher ausprägt, als im Schädel. (Die mir vorliegenden Theile der Wirbelsäule geben wenig Aufklärung in dieser Beziehung).

Unser Diluvialpferd, speziell das mir am besten bekannte Diluvialpferd von Thiede und von Westeregeln, muss ein untersetztes, sehr kräftiges Thier gewesen sein. Seine Extremitätenknochen zeigen im Vergleich zu ihrer Länge eine Stärke und Dicke, wie dieses kaum bei den schwersten Rassen der Jetztzeit zu finden ist. Dabei sind die einzelnen Knochen doch nicht unförmlich gebaut; sie zeigen vielmehr trotz ihrer Stärke eine gewisse Eleganz in den Umrissen. Alle Gelenke und Muskel-Ansätze besitzen eine

---

1) Dass dies bei E. zebra nicht immer der Fall ist, habe ich oben p. 111 hervorgehoben.

2) Ueber die Grösse, resp. Widerristhöhe unseres Diluvialpferdes wird weiter unten noch genauer die Rede sein. Es hatte durchschnittlich eine Grösse, welche man als knapp mittelgross (im Sinne der Hippologen) bezeichnen darf.

so gesunde und tüchtige Entwickelung, wie man es nur von einem kräftigen Pferde wünschen kann[1]).

Man sieht den Knochen an, dass ihre Inhaber sich der vollen Freiheit erfreuten, dass sie sich nach Belieben umhertummeln konnten, dass sie weder Lasten zu tragen, noch zu ziehen hatten, sich ihr Futter suchen durften, wo sie es für gut fanden, dass sie zwar keine extrem grossen und durch reichliches Futter gemästeten, aber auch keine schwachen und verkümmerten Pferde waren. Unter den in unserer Sammlung vertretenen Pferde-Skeletten ist kaum eines, welches so kräftig und energisch ausgebildete Gelenke aufzuweisen hätte, wie unser Diluvialpferd. Wir werden dieses bei der Einzelbetrachtung der Extremitäten-Knochen noch genauer erkennen.

Ehe ich zu dieser Einzelbetrachtung übergehe, schicke ich noch einige Bemerkungen über die verglichenen recenten Skelette voraus.

Es war mir nicht möglich, unsere sämmtlichen Skelette für die vorliegende Arbeit durchzumessen; ich habe nur diejenigen verglichen, welche mir für meinen Zweck besonders wichtig schienen. Es sind folgende:

1. Das zerlegte Skelett der schon bei der Besprechung des Schädels mehrfach erwähnten 30jährigen echten Holländer Harttraber-Stute Nr. 1200, des schmalstirnigsten Pferdes unserer Sammlung. Das Thier war nach den handschriftlichen Bemerkungen Hermann v. Nathusius' ausgezeichnet in seinen Leistungen.

2. Das zerlegte Skelett der 25—30jährigen echten Arabischen Schimmel-Stute Nr. 3314. Dieselbe hat im Leben eine Widerrist-Höhe von 4′ 8—9″ rhein. (= 1,46 bis 1,49 m) besessen, wie mir Herr Geh. Rath Prof Dr. Settegast aus eigener Anschauung mitgetheilt hat.

3. Das Skelett eines Hengstes unbekannter Rasse, welches Herr v. Nathusius aus der hiesigen Thierarzneischule bezogen hat, Nr. 1180, rectius 1181.) Ich habe von demselben schon oben p. 106 gesprochen, da mit ihm eine Verwechselung passirt ist, und es nicht zu Schädel Nr. 1180 gehört, sondern zu Nr. 1181, wie ich aus der Form des Atlas, des Beckens (Nr. 1180 ist ein Stutenschädel, während das mit Nr. 1180 bezeichnete Becken einem Hengste angehört) und aus den Grössen-Verhältnissen der Extremitäten-Knochen bestimmt nachweisen kann. Der thatsächlich zum Skelett gehörige Schädel Nr. 1181 stammt von einem etwa 12 jährigen Hengste, welcher wahrscheinlich ein Kreuzungs-produkt aus occidentalem und orientalischem Blute war. Der Schädel hat eine Basilarlänge von 525, eine Scheitellänge von 566 (also fast genau wie unser Diluvialpferd von Remagen), eine Stirnbreite von 221 (also breiter!). Die Extremitäten-Knochen zeigen Proportionen, welche von denen der übrigen verglichenen Skelette in mancher Hinsicht abweichen.

4. Zerlegtes Skelett einer 8—10jährigen Stute aus Turkistan Nr. 970, (mit der Bezeichnung „Busched"), von der v. Schlagintweit'schen Expedition mitgebracht. Der zugehörige Schädel ist der breitstirnigste von allen.

---

[1]) Vergl. die ähnlichen Bemerkungen Toussaint's über das Diluvialpferd von Solutré im Recueil de Médecine vétérinaire, 1874, p. 388 ff.

5. Zerlegtes Skelett eines 8—10jährigen falben Pony-Hengstes aus dem Circus Renz, Nr. 1977. Nähere Bezeichnung der Rasse fehlt; doch wird es kein schlecht gebautes Pferd gewesen sein, wenn es Renz zur Vorführung in seinem Circus für würdig gefunden hat.

6. Zerlegtes Skelett einer 15jährigen Exmoor-Pony-Stute, Nr. 1263, welche längere Jahre in dem Zoologischen Garten zu London gehalten wurde und daher wohl als eine echte Repräsentantin ihrer Rasse angesehen werden darf.

7. Zerlegtes Skelett der oben p. 106 besprochenen alten Esel-Stute Nr. 1129 aus Halle. Schädel wahrscheinlich nicht dazu gehörig, wie a. a. O. nachgewiesen ist.

8. Zerlegtes, resp. locker mit Drähten verbundenes Skelett eines alten Esel-Hengstes Nr. 3118 aus Proskau.

9. Zerlegtes Skelett einer alten Dschiggetai-, resp. Kiang-Stute Nr. 2520, bezeichnet als Equus hemionus Pall., Tibet. [1])

10. Zerlegtes Skelett eines jungen, etwa 1½jährigen Zebra's Nr. 1264.

Dazu kommen noch einige Messungen, welche ich aus den Publikationen anderer Autoren, zumal aus derjenigen Branco's, entnommen habe.

Es ist dieses immerhin ein recht ansehnliches Vergleichsmaterial, wie es meines Wissens noch nicht zum Vergleich mit dem Diluvialpferde herangezogen worden ist. — Ueber die Art der Messungen werde ich bei den einzelnen Skelettheilen die nöthigen Bemerkungen machen; dagegen schicke ich gleich hier eine allgemeine Bemerkung über die Dimensionen des fossilen Skeletts von Remagen voraus. Nach der Ansicht des Herrn Dir. G. Schwarze handelt es sich um ein zu dem obigen Schädel gehöriges, fast vollständig erhaltenes Skelett. Wenn dieses wirklich der Fall ist [1]), so ist dasselbe sehr wichtig und interessant, um die Proportionen eines bestimmten Individuums für unser Diluvialpferd festzustellen. Ich habe deshalb Herrn Schwarze gebeten, die wichtigsten Extremitätenknochen für mich zu messen; derselbe war auch so freundlich, sich trotz seines leidenden Zustandes der Aufgabe zu unterziehen und die wichtigsten Maasse für meine Vergleichungen zu konstatiren. Herr Schwarze hat die Länge der einzelnen Knochen immer als „grösste Länge" gemessen; er hat jeden zu messenden Knochen zwischen zwei parallel stehende Hölzer eingeschlossen und dann den direkten Abstand dieser Hölzer gemessen, so dass also alle Ecken, Spitzen oder Kanten an den Gelenkenden der Knochen in seinen Messungen mit einbegriffen sind. In wie fern etwaige kleine Verletzungen Einfluss auf die gewonnenen Dimensionen ausgeübt haben, kann ich nicht sicher angeben; doch schliesse ich aus dem Umstande, dass Herr Schwarze bei einigen verletzten Knochen, wie Schulterblatt und Becken, ausdrücklich auf Angabe bestimmter Zahlen verzichtet hat, dass die übrigen, von

---

1) Ob zwischen Dschiggetai und Kiang ein spezifischer Unterschied zu machen ist, wie jetzt vielfach angenommen wird, lasse ich hier dahingestellt sein. Hermann v. Nathusius scheint, nach seinem Kataloge zu urtheilen, einen spezifischen Unterschied nicht angenommen zu haben. Vergl. Brehm, Ill. Thierleben, III, p. 16.

2) Ich habe keinen wesentlichen Grund, dieses zu bezweifeln, da im Loess des Unkelsteins vielfach grössere Skelettpartien im Zusammenhange ausgegraben sind, wie ich durch eigene Anschauung der Schwarze'schen Sammlung weiss. Da jedoch der von Herrn Schwarze zum Schädel gerechnete Unterkiefer nicht dazu gehören kann, wäre möglicherweise auch hinsichtlich einiger anderer Skelettheile ein Irrthum hinsichtlich der Zusammengehörigkeit nicht ganz ausgeschlossen.

ihm gemessenen und mit bestimmten Dimensions-Angaben versehenen Skelettheile im Wesentlichen unverletzt sind. Da Herr Schwarze, wie schon bemerkt, leidend war, durfte ich ihn nicht durch allzu genaue Detailfragen belästigen. Er hat mir so wie so genug Zeit und Mühe geopfert, wofür ich ihm hier öffentlich meinen herzlichsten Dank ausspreche.

Die Angaben über die Längendimensionen der wichtigsten Extremitätenknochen eines kastrirten Isländer Hengstes, dessen Skelett sich in der Veterinärschule zu Kopenhagen befindet, verdanke ich, wie schon kemerkt, Herrn Dr. Boas in Kopenhagen; doch sind sie, wie Herr Boas selbst hervorhebt, nicht absolut genau, da sie von einem Bänder-Skelett herrühren. —

Ueber die Messungen der Fossilreste bemerke ich noch, dass es sich stets um erwachsene Individuen handelt, wo nicht das Gegentheil bemerkt ist. Die Grösse und Proportionen der einzelnen Skelettheile ändern sich bekanntlich je nach dem Lebensalter ganz bedeutend. Es wird dieses in manchen Publikationen über fossile Thiere nicht genug berücksichtigt. Ausser den Messungen der von mir selbst bei Westeregeln und Quedlinburg gesammelten diluvialen Pferdereste werde ich in den folgenden Abschnitten auch einige Messungen fossiler Skelettheile von denselben Fundorten nach Branco mittheilen; die dazu gehörigen Originale befinden sich im palaeontologischen Museum zu München. Die Objekte, über welche nichts weiter bemerkt ist, sind Eigenthum der von mir verwalteten zoologischen Sammlung der königlichen landwirthschaftlichen Hochschule. — Ueber die aus Branco's vorzüglicher Arbeit entnommenen Messungen recenter Pferde bemerke ich noch, dass dieselben nur theilweise nach Individuen zusammengehören, wie mir Herr Dr. Branco mündlich mitgetheilt hat; dieses gilt speziell von den Messungen der Pinzgauer, und man darf dieselben aus diesem Grunde nicht ohne Weiteres zu Proportionsberechnungen der Skelettheile bestimmter Individuen benutzen.

Wo in meinen Messungs-Tabellen sich Lücken vorfinden, sind mir entweder die betreffenden Dimensionen nicht bekannt, oder ich habe keinen Werth darauf gelegt, sie hier abdrucken zu lassen.

Die Wirbelsäule unseres Diluvialpferdes.
Der 1. Halswirbel (Atlas).
Taf. VIII, Fig. 1 u. 1a.

Ein vorzüglich erhaltener Atlas aus dem Diluvium von Westeregeln setzt mich in den Stand, die Form und Grösse desselben beschreiben zu können, was um so wichtiger ist, als genauere Beschreibungen vom Atlas des Diluvialpferdes, so viel ich weiss, bisher nicht existiren. Wir dürfen annehmen, dass dieser Wirbel, da er den Kopf trägt, manche wesentliche Charaktere zeigt.

Im Allgemeinen gleicht der vorliegende Atlas, wie die Abbildungen beweisen, dem Atlas der heutigen Pferde. Dennoch finden sich im Detail viele kleine Abweichungen. Vor allem fällt mir die gleichmässige Breite der Flügel-Fortsätze auf; sie sind nach hinten zu eher etwas schmaler, als nach vorn zu, während es bei fast sämmtlichen Atlanten heutiger Hauspferde umgekehrt ist. Bei letzteren dehnen sich die Flügel nach hinten zu regelmässig ganz bedeutend aus; nach vorn konvergiren sie dagegen ganz auffällig.

Der obere Bogentheil des fossilen Atlas ist verhältnissmässig lang und mit starker Beule versehen. — Auch der untere Bogen hat eine kräftige Beule aufzuweisen.

Die Gelenkflächen für die Condylen des Schädels sind sehr tief ausgehöhlt und überhaupt von markirter Form. Die scharf entwickelte Rinne, in welcher sie am unteren Bogen zusammenstossen, finde ich bei keinem der mir vorliegenden recenten Atlanten wieder, ebenso wenig das scharf ausgeprägte, unter jener Rinne liegende Gefässloch. (Fig. 1a).

Die sogenannten Flügelgruben sind verhältnissmässig flach, die vorderen Flügellöcher, von den Flügelgruben aus gesehen, ziemlich weit, die mittleren und hinteren Flügellöcher verhältnissmässig eng. Besonders die letzteren sind bei den meisten Hauspferden viel weiter. — Derjenige Theil der Flügel, welcher vor den vorderen Flügellöchern liegt, ist auffallend dick, dicker als bei irgend einem der mir vorliegenden Hauspferde.

In den meisten hervorgehobenen Punkten bildet der Atlas der arabischen Stute 3314 den stärksten Gegensatz zu dem fossilen. Leider fehlt dem Skelet der Holländer Harttraber-Stute der echte Atlas, welcher mir für den Vergleich besonders wichtig sein würde; es liegt zwar ein mit Nr. 1200 bezeichneter Atlas und noch ein zweiter mit Nr. 1200 (?) bezeichneter dabei. Hermann v. Nathusius schreibt in seinem Kataloge, es seien ihm von dem Abdecker, welcher das Skelett macerirt habe, zwei Exemplare des Atlas abgeliefert worden; er halte den mit Nr. 1200 (ohne Fragezeichen) für den echten. Faktisch sind aber beide nicht nur nicht zu Nr. 1200 gehörig, sondern sie gehören überhaupt gar nicht zu Equus; sie sind beide Rinder-Atlanten. Ich erwähne dieses, weil obige Verwechselung möglicherweise daran Schuld ist, dass Herm. v. Nathusius die Form des Equus-Atlas für sehr variabel erklärt.[1]) Es kommen ja in der That manche Variationen am Atlas des Pferdes vor; aber so variabel scheint er mir doch nicht zu sein, wie man nach der Beschreibung des Herrn v. Nathusius annehmen sollte.

Ueber den Atlas des Pferdes von Remagen bin ich nicht informirt. Seine Gelenkgruben für die Hinterhaupts-Condylen dürften etwas geräumiger sein, wie die des Atlas von Westeregeln, da letzterer die Condylen des Schädels von Remagen nicht ganz zu umschliessen vermag. Doch kann der Unterschied nicht gross sein.

Die wichtigsten Dimensionen sind in der folgenden Tabelle zusammengestellt.

Dimensionen des Atlas	Länge des oberen Bogens	Breite d. Flügel		Breite der Gelenk-flächen für die Condylen des Schädels	Breite der Gelenk-flächen für den Epistropheus	Rückenmarks-Loch Vorderansicht	
		im Niveau der vorderen Flü-gellöcher	dicht hinter den hinteren Flü-gellöchern			Breite	Höhe
Diluvialpferd v. Westeregeln .	52	140	140	90	90	49	34
Arabische Stute	47	130	149	91	92	46	37
Hengst Nr. 1181	45	132	157	93	98	44	34
Stute aus Turkistan . . .	46	116	132	81	85	43	28
Falber Pony ♂ von Renz . .	41	116	121	72	76	39	29
Exmoor-Pony	37	106	110	73	69	41	26
Kiang-Stute	41	111	125	80	79	38	27

Aus der obigen Tabelle ergiebt sich, dass der Atlas von Westeregeln, welcher seinem ganzen Habitus nach einem Thiere mittleren Alters angehört

---

1) Vergl. „Fragmente", p. 851.

haben dürfte, seiner Grösse nach den Atlanten der Arabischen Stute und des Hengstes Nr. 1181 nahe steht, dass er aber in den Formverhältnissen vielfach von ihnen abweicht. Das Rückenmarksloch ist verhältnissmässig breit, nicht so rundlich, wie bei der arabischen Stute, doch auch nicht so breit gedrückt, wie bei der Stute aus Turkistan. — Der Atlas der Kiangstute hat verhältnissmässig breite Flügel.

Der 4. Halswirbel.

Von sonstigen Halswirbeln liegt mir ein wohlerhaltenes Exemplar des 4. vor, welchen ich zusammen mit dem eben beschriebenen Atlas ausgegraben habe; er gehört wahrscheinlich zu demselben Individuum. Auch dieser Wirbel zeigt markirte Formen; alle Fortsätze und Kanten sind scharf und eckig gebildet, natürlich mit Ausnahme des Processus spinosus, der, wie überhaupt an den mittleren Halswirbeln des Pferdes, so auch hier wenig entwickelt ist und eine plattgedrückte Form hat.

Die Oberseite des Wirbels ist sehr flach gebildet, ähnlich wie ich es bei den Ponies finde, während sie bei der arabischen Stute und dem Hengst No. 1181 sehr ausgehöhlt erscheint. Dafür ist die Unterseite des fossilen Wirbels desto hohler gebildet.

Wenn wir die Dimensionen mit denen des 4. Halswirbels der arabischen Stute und des Hengstes No. 1181 vergleichen, so sehen wir, dass der fossile Wirbel bei annähernd gleicher Breite bedeutend kürzer ist. Ich möchte hieraus den Schluss ziehen, dass das Diluvialpferd von Westeregeln einen verhältnissmässig kurzen, dicken Hals hatte. Eine Vergleichung der Halswirbel des Pferdes von Remagen, welche mir leider nicht zur Hand sind, würde diesen Punkt leicht mit voller Bestimmtheit klar stellen.

Dimensionen des 4. Halswirbels	Grösste Länge des Wirbelkörpers[1])	Grösste Entfernung zwischen den vorderen und hinteren Gelenkfortsätzen	Grösste Breite an den vorderen Gelenkfortsätzen	Grösste Breite an den hinteren Gelenkfortsätzen	Grösster Abstand zwischen den Spitzen der Querfortsätze
Diluvialpferd v. Westeregeln .	81	124	76	75	116
Arabische Stute	94	141	73	71	109
Hengst Nr. 1181	97	146	82	73	119

Das Wirbelloch (für das Rückenmark) hat, abgesehen von der vordersten Partie, wo es etwas weiter ist, eine Breite von 27, eine Höhe von 23 mm bei dem fossilen Wirbel.

Die Brust- und Lenden-Wirbel.

Von den Wirbeln der Brust- und Lendenpartie liegt mir leider nichts Brauchbares vor; die wenigen vorhandenen Exemplare genügen nicht zu genaueren Vergleichungen. Ich habe freilich bei meinen ersten Ausgrabungen in

---

1) Gemessen von dem vordersten Punkte des kugeligen Gelenkkopfes bis zu dem innersten Punkte der ihm entsprechenden hohlen Gelenkgrube an der Hinterseite des Wirbelkörpers.

den Diluvial-Ablagerungen von Westeregeln (1874—1875) eine grosse Zahl von
Equus-Wirbeln gefunden, und zwar oft längere Reihen von Wirbeln (4—6 Stück)
noch im Zusammenhange, resp. in natürlicher Lage zu einander. Aber ich habe
sie damals wenig geachtet, da ich mein Augenmerk wesentlich auf die Mikro-
fauna gerichtet hatte[1]), und der Transport der zahlreichen Fundobjekte so wie
so schon Mühe genug verursachte. Als ich später durch Herrn Geh. Rath
Kühn in Halle auf die wissenschaftliche Bedeutung gerade der Pferdereste aufmerksam gemacht wurde, war es mit der Hauptausbeute überhaupt vorbei. Ich
bin daher nicht im Stande, über die Zahl und Form der Brust- und Lenden-
wirbel nähere Auskunft zu geben; doch hoffe ich, meine Arbeit in diesem
Punkte durch ein genaueres Studium der Schwarze'schen Sammlung in Remagen bald ergänzen zu können.

Das Kreuzbein (Os sacrum).
Taf. VIII, Fig. 2.

Vom Kreuzbein liegt mir leider nur ein juveniles, aus drei Wirbeln ver-
wachsenes Exemplar vor, welches zwar sehr schön erhalten, aber wegen seines
jugendlichen Zustandes wenig geeignet ist, uns über Grösse und Form des ausgewachsenen Kreuzbeins genügende Auskunft zu geben.

Die Flügelfortsätze sind an dem fossilen Kreuzbein ziemlich schmal, die
Dornfortsätze stark nach hinten geneigt; die Flügel sind schräg abwärts geneigt,
so dass der Körper des 1. Wirbels beim Auflegen des Kreuzbeins auf eine
Tischplatte sich bedeutend über letztere erhebt. In sagittaler Richtung bemerkt
man keine wesentliche Konkavität an der unteren Fläche des fossilen Kreuzbeins.

Es würde bedenklich sein, an dem letzteren die von Franck für das Kreuzbein der orientalischen und der norischen Pferde aufgestellten Rasse-Unterschiede
prüfen zu wollen. Einerseits passen dieselben nur für ausgebildete, aus 5
(resp. 6) Wirbeln verwachsene Kreuzbeine, andererseits fragt es sich noch, ob
dieselben für alle occidentalen, resp. orientalischen Rassen zutreffend sind. An
unserem Materiale treten die Differenzen nicht so deutlich hervor, wie an dem
von Franck benutzten Materiale.

Ich gehe aus obigen Gründen auf eine genauere Vergleichung des fossilen
Kreuzbeins nicht weiter ein; ich gebe nur noch einige Mittheilungen über die
Grössenverhältnisse desselben.

Dimensionen des Os sacrum	Grösste Länge der Wirbelkörper zusammen	Grösste Breite an den Flügelfortsätzen
Junges Diluvialpferd von Westeregeln	119[1])	211
Holländischer Harttraber, 30 jähr. · .	206 + 43[2])	258
Kiang-Stute, alt	182 + 33[2])	181

1) Vergl. meine ausführlichen Ausgrabungsberichte in d. Zeitschr. f. d. ges. Naturwiss.
1876, Bd. 47, p 3 ff. und im Arch. f. Anthrop. 1877, Bd. 10, p. 365 ff.

2) Ich bemerke zum richtigen Verständniss obiger Zahlen, dass das Kreuzbein der Holländer
Harttraber-, sowie auch der Kiang-Stute aus 6 Wirbeln besteht, von denen allerdings nur die

Die Schwanzwirbel.

Von Schwanzwirbeln habe ich bei Westeregeln 6 Exemplare gesammelt; 4 davon scheinen einem bestimmten Individuum anzugehören, sie passen sehr gut zusammen. Es sind sämmtlich solche Schwanzwirbel, welche der vorderen, stärkeren Partie der Schweifrübe angehören. Sie zeigen im Vergleich zu den weichen, verschwommenen Formen der entsprechenden Wirbel, welche ich bei unserer arabischen Stute, sowie bei den meisten anderen recenten Pferden beobachtet, sehr markirte Formen, zumal in der Entwicklung der Querfortsätze. Auch sonst sind manche Differenzen zu beobachten, die jedoch ohne Abbildungen schwer zu beschreiben sind.

Die Extremitäten-Knochen unseres Diluvialpferdes.

Während uns die wenigen Reste der Wirbelsäule, welche untersucht werden konnten, nur ungenügende Auskunft über die Zugehörigkeit unseres Diluvialpferdes zu den schweren oder leichten Rassen geben konnten, liegt die Sache hinsichtlich der Extremitäten-Knochen ganz anders. Unsere Sammlung besitzt von Thiede und noch mehr von Westeregeln ein ausgezeichnet erhaltenes, zusammengehöriges Vergleichsmaterial, welches von meinen Ausgrabungen herrührt und theilweise auf bestimmte Individuen bezogen werden kann. Ausserdem habe ich ein sehr reiches Material von anderen Fundstätten, zumal zahlreiche Metacarpi und Metatarsi, untersuchen und ausmessen können.

Ich sage bei dieser Gelegenheit allen denjenigen, welche mir, wie z. B. Herr von Cohausen in Wiesbaden, Herr Dr. Zimmermann in Wolfenbüttel und Herr Dir. Wiepken in Oldenburg, Vergleichs-Material zugeschickt haben, meinen herzlichsten Dank.

Das Schulterblatt (Scapula).
Taf. VIII, Fig. 3 u. 3a.

Das Schulterblatt zeigt, wie sämmtliche Extremitätenknochen sehr kräftige und markirte Formen. Es liegt mir zwar kein völlig erhaltenes Exemplar vor; aber das abgebildete Exemplar von Westeregeln, sowie ein anderes von demselben Fundorte können uns über die Form und die Dimensionen des Haupttheiles hinreichende Auskunft geben[1]). Die Schulterblattgräte ist sehr stark und dick entwickelt; sie reicht verhältnissmässig weit nach dem Gelenk hinab; sie ist in ihrem unteren Theile etwas nach oben (resp. vorn), in ihrem mittleren etwas nach unten (resp. hinten) umgebogen, wie unsere Abbildung zeigt. — Die sog. Schulterblattbeule (Tuberculum supraglenoidale) ist dick und rauh; der Rabenschnabelfortsatz (Proc. coracoid.) ist mässig entwickelt[2]). Die Gelenkpfanne besitzt bei mässiger Grösse eine scharf geschnittene, schön gerundete Form.

---

ersten 5 als eigentliche Kreuzbeinwirbel zu zählen sind; ich habe deshalb den sechsten besonders angegeben. Das fossile Kreuzbein besteht, wie ich hier nochmals hervorhebe, nur aus drei Wirbeln.

1) Die Scapulae der Stute von Remagen sind zwar erhalten, doch sind die oberen Theile weggebrochen, weshalb Herr Schwarze auf Mittheilung bestimmter Maassangaben verzichtet hat.

2) Am stärksten ausgebildet finde ich den Proc. coracoid. an der Scapula der Kiang-Stute; er bildet hier einen langen Haken.

Ueber die Dimensionen, welche in der folgenden Tabelle zusammengestellt sind, bemerke ich Folgendes: Die grösste Breite des Gelenktheils ist von der äussersten Hervorragung des Tuberculum supraglen. bis zum entgegengesetzten Rande der Gelenkpfanne, die grösste Breite des oberen Theils quer zur Längsrichtung des ganzen Knochens und ohne Berücksichtigung des nicht selten verknöcherten Knorpeltheils, die grösste Länge neben der Gräte entlang gemessen.

Dimensionen der Scapula.	Grösste Breite des Gelenktheils	Gelenkpfanne		Breite an der schmalsten Stelle der Scapula	Breite des oberen Theiles	Grösste Länge der Scapula
		lang	breit			
Diluvialpferd von Westeregeln . .	105	66	55	72	?	?
„ „ Quedlinburg . .	99	58	51	70	—	—
Pinzgauer nach Branco . . .	104	63	55	69	189	365
„ „ „ „ . . .	90	52	44	55	161	310
Holländischer Harttraber ♀ Nr. 1200	103	68	55	73	190	380
Arabische Stute „ 3314	102	63	54	68	172	357
Hengst „ 1181	105	63	58	66,5	196	389
Stute aus Turkistau „ 970	91	53	48	60	162	321
Pony von Renz ♂ „ 1977	82	50	41	57	142	303
Exmoor-Pony . . . . „ 1263	70	46	39	45	128	275
Foss. Pferd der Oldenb. Kreisgruben	70	43	40	49	142	280
Esel ♂ Proskau Nr 3118	64	40	35	42	129	220
„ ♀ Halle „ 1129	63	40	35	41	128	291
Kiang ♀ Tibet „ 2520	81	48	48	50,5	168	300
Zebra juv. „ 1264	72	47	37	42,5	137	234

Aus obiger Tabelle ergiebt sich, dass unser fossiles Schulterblatt von Westeregeln in seinem mittleren und unteren Theile die Dimensionen und Proportionen des Schulterblatts unserer schweren Rassen erreicht. — Ferner ergiebt sich aus der Tabelle, dass bei den recenten Pferden (E. caballus) die grösste Länge der Scapula gewöhnlich etwa doppelt so gross ist, als die grösste Breite, ja sogar bei den Ponies mehr als doppelt so gross, während bei den Eseln und beim Kiang die Breite verhältnissmässig bedeutend ist und mehr als die Hälfte der Länge beträgt[1]). Beim jungen Zebra ist es ebenso, wie bei den Eseln; ob dieses Verhältniss aber bei alten Exemplaren bleibt, muss erst noch untersucht werden.

Nach Franck[2]) ist das Schulterblatt der arabischen Pferde und vieler Ponies an der Basis verhältnissmässig schmal — verglichen mit der Länge, — das der norischen Pferde breit. Leider können wir die volle Länge des Schulterblattes bei unserem Diluvialpferde nicht vergleichen; aber nach den erhaltenen Theilen ähnelt es viel mehr dem Schulterblatt der schweren Rassen, als dem der leichten.

Die Lage oder Stellung des Schulterblatts ist natürlich für das Diluvial-.pferd schwer zu konstatiren; doch ergiebt sich aus der Bildung der Gelenkfläche am Caput humeri, dass es mit dem Oberarmsknochen (Humerus) einen, wie es mir scheint, günstigen Winkel gebildet hat.

---

1) Die von Branco a. a. O. mitgetheilten Zahlen ergeben allerdings sowohl für Equus caballus, als auch für E. asinus grössere Schwankungen in dem Verhältniss von Länge und Breite, als ich an unserem Material konstatiren kann.

2) Franck, Anat. d. Hausthiere, 2. Aufl., p. 210.

Der Oberarm (Humerus).
Taf. VIII, Fig. 4 u. 4a.

Vom Oberarm des Diluvialpferdes liegt mir aus dem Diluvium von Westeregeln ein völlig unversehrtes, ausgewachsenes Exemplar vor, welches mein Bruder Robert, Herzogl. Forstassistent in Braunschweig, vor meinen Augen unmittelbar neben Resten eines Steppenmurmelthiers (Arctomys bobac) ausgegraben
hat. In seiner Nähe fanden wir noch einige andere der weiter unten zu er-
wähnenden Extremitätenknochen, so dass die Vermuthung nahe liegt, es dürften
dieselben von einem Individuum herrühren.

Der Humerus von Westeregeln, welchen unsere Abbildung getreu wiedergiebt, zeigt sehr kräftige Formen, mehr noch, als es in der auf ⅓ natürlicher
Grösse reducirten Abbildung zur Darstellung kommen kann. Keines unserer
recenten Pferde-Skelette besitzt so ausgeprägte Muskelansätze. Der obere
Gelenkkopf erscheint, von oben betrachtet, ziemlich flach, er biegt sich aber
mit seiner wohlgerundeten Gelenkfläche weit nach hinten herum, viel mehr als
dieses z. B. bei dem Humerus unserer arabischen Schimmelstute der Fall ist.
Ich schliesse aus dieser Bildung des oberen Gelenkes, dass der Winkel, den
das Schulterblatt mit dem Oberarm bei dem betreffenden Diluvialpferde bildete,
nicht sehr gross gewesen ist, was entweder auf eine schräge Lage des Schulterblatts, oder vielleicht noch richtiger auf eine ziemlich horizontale Lage des
Oberarms hinweist.

Während in der Länge unser fossiler Humerus genau mit dem der arabischen Stute übereinstimmt, weicht er in der Form und den Breitenverhältnissen
bedeutend von ihm ab; er nähert sich hierin dem Humerus der Holländer Harttraber-Stute, trotz seiner geringeren Länge. Der Humerus der arabischen Stute
ist viel schlanker gebildet, als der fossile.

Es wird dieses am besten aus der umstehenden Tabelle zu ersehen sein. Ich
bemerke über die Art der Messungen Folgendes: Die grösste Länge und die
grösste Breite schliessen alle Hervorragungen ein; die Länge von Gelenk zu
Gelenk reicht vom höchsten Punkte des Caput humeri bis zum tiefsten Punkte
der unteren Gelenkrolle, ganz wie Branco gemessen hat. Die Dicke des oberen
Gelenktheils bezeichnet die direkte Entfernung des vordersten Punktes am mittleren Rollfortsatze vom hintersten Punkte des Caput humeri.

(Hier folgt Tabelle auf Seite 126.)

Aus dieser Tabelle ergiebt sich, dass der Humerus unseres Diluvialpferdes
in seinen Grössenverhältnissen den Typus der schweren Rassen aufweist. Am
längsten ist der Humerus aus dem Diluvium von Scharzfeld am Harz; derselbe
ist nach meinen Notizen auch sehr dick und kräftig gebaut. Der Humerus von
Remagen ist verhältnissmässig kurz; vielleicht darf man annehmen, dass seine
Rollfortsätze etwas verletzt sind, und seine „grösste Länge" dadurch eine gewisse Verkürzung erlitten hat.

Ziemlich gross ist der Oberarm von Salzderhelden. Derselbe gehört zu
einem prähistorischen Funde, welcher bei dem Bau der Leinebrücke für die
Eisenbahn von Salzderhelden nach Eimbeck zum Vorschein gekommen und in
den Besitz des Ortsvereins für Geschichte und Alterthumskunde in Wolfenbüttel
gelangt ist. Der Sekretär dieses Vereins, mein Freund Dr. P. Zimmermann
in Wolfenbüttel, war so freundlich, mir alle die zu dem Funde gehörigen thie-

Dimensionen des Humerus	Länge:		Transversale Breite:					Dicke des oberen Gelenktheils
	grösste	von Gelenk zu Gelenk	oben		unten		an der schmalsten Stelle	
			grösste Breite	Gelenk-Kopf	grösste Breite	Gelenk-Rolle		
Diluvialpferd von Westeregeln . . .	313	291	106	80	90	83	41	110
" " (nach Branco)	?	292	106	—	—	85	—	114
" von Scharzfeld n/Harz.¹)	330	—	—	—	—	—	—	—
" " Remagen ♀ . . .	302	—	107	—	90	—	—	—
Pinzgauer (nach Branco)	—	325	122	—	98	—	—	131
"	—	286	99	—	79	—	—	110
Holländischer Harttraber ♀	331	312	108	84	90	82	42	117
Hengst, unbekannter Rasse (Nr. 1181)	344	335	99	79	87	83	37	114
Arabische Stute	313	292	96	76	86	76	37	105
Stute aus Turkistan.	281	260	88	65	76	70	33	94
Falber Pony ♂	261	244	82	63	70	67	31	91
Exmoor-Pony ♀	238	224	72	55	58	64	24	75
Isländer ♂ (Kopenhagen)	260	—	—	—	—	—	—	—
Oldenburgisches Kreisgruben-Pferd²) .	238	225	72	60	—	60	28	79
Prähistor. Fund von Salzderhelden .	319	303	100	75	87	76	39,5	109
Esel ♀ (Nr. 1129).	212	197	66	48	—	54	25	70
" ♂ (Nr. 8118,.	—	200	—	—	—	—	—	—
Kiang ♀ (Tibet)	264	242	85	62	70	65	31	85
Zebra juv.	—	222	75	52	69	62	26	81

rischen Reste zu übersenden. Die darunter befindlichen beiden Pferdeschädel³) sind zwar nur im Gehirntheil erhalten; sie lassen aber doch eine verhältnissmässig geringe Entwicklung der Stirnpartie und ein schwaches Hervortreten des hinteren Augenhöhlenrandes erkennen. Wir werden auf diesen Fund nochmals im Schlusstheile unserer Arbeit zurückkommen.

Der Unterarm (Ulna und Radius).

Taf. VIII, Fig. 5, 6, 7, 8.

Bekanntlich ist bei dem heutigen Hauspferde die Elle (Ulna) in ihrem untern Drittel regelmässig stark verkümmert, so dass sie nur ausnahmsweise als ein zusammenhängender, durchlaufender Knochen erscheint.⁴) Dagegen ist die Speiche sehr kräftig entwickelt. Die Elle verwächst bei älteren Individuen in ihrem mittleren Theile, sowie in ihrem unteren Gelenktheile fest mit der Speiche; nur das Olecranon erscheint noch als gesonderter, kräftig entwickelter Theil der Ulna.

So ist es auch schon bei unserem Diluvialpferde; an den mir vorliegenden Exemplaren des Unterarms kann ich keine stärkere Ausbildung der Ulna in ihrem mittleren und unteren Theile erkennen. Allerdings zeigt das Olecranon eine solche Länge und eine solche Schärfe der Form, wie ich sie bei keinem

---

1) Ich kenne diesen fossilen Humerus aus der palaeontologischen Sammlung der Göttinger Universität; ich habe mir jedoch nur seine grösste Länge notirt.

2) Noch nicht völlig ausgewachsen.

3) Die übrigen Reste gehören meistens einer sehr kleinen Rinderrasse an; doch ist auch ein grosser (wahrscheinlich wilder) Bos, sowie Schaf, Schwein, Edelhirsch und Bär durch Knochen vertreten. Vergl. Sitzgsber. d. Berl. Ges. f. Anthrop. v. 17. Januar 1880.

4) Immerhin sind recente Equiden mit vollständiger Ulna nicht so selten, wie man gewöhnlich annimmt. Wir haben in unserer Sammlung mehrere Beispiele dafür sowohl bei Pferden, als auch bei Eseln. Vergl. meine Mittheilungen im Sitzgsber. d. Ges. naturf. Freunde 1882, No. 4.

Hauspferde beobachte; aber das ist eine Sache für sich (vergl. Taf. VIII, Fig. 5). In der Form des Radius finde ich keinen wesentlichen Unterschied zwischen unserem Diluvialpferd und den schweren occidentalen Rassen unseres Hauspferdes; doch sieht man bei genauerer Vergleichung, dass die Gelenkflächen am Radius des ersteren durchweg schärfer geschnitten und so zu sagen eleganter modellirt sind. Der zur Ulna gehörige Theil des unteren Gelenks ist durchweg deutlich erkennbar.

Ueber die in der folgenden Tabelle zusammengestellten Messungen bemerke ich Folgendes: Ich habe die Länge des Radius meistens dreifach gemessen: 1. grösste Länge unter Berücksichtigung aller Hervorragungen, 2. die Länge in der Mitte der Vorderseite, wie sie Branco gemessen hat, d. h. also „senkrechter Abstand vom höchsten Punkte am Vorderrande der oberen Gelenkfläche bis zum tiefsten Punkte der unteren Gelenkfläche", und 3. Länge an der Aussenseite. Letztere Dimension habe ich theilweise mit gemessen, um auch Vergleiche an montirten Skeletten zu ermöglichen. — Die mit Fragezeichen versehenen Dimensionen beruhen auf Schätzung, indem die betr. Knochen nicht ganz intact sind; ich habe sie eher zu klein, als zu gross angenommen

| Dimensionen von Ulna und Radius | grösste Länge von Ulna u. Radius im Zusammenhange | Länge des Radius für sich allein | | | Transvers. Breite des Radius | | | | |
| | | Maxim | Mitte | Aussen | oben | | unten | | an der schmalsten Stelle |
					Maxim.	Gelenk	Maxim.	Gelenk	
Diluv. v. Westeregeln[1]	460?	360?	355?	—	92	83	90	72	44
. . . (Mammuthf.)	440?	340	337	325	91	82	83	68	44
. . . n. Branco	—	—	358	—	86	79	83	73	46
. . Thiede	—	—	—	—	91	82	—	—	—
. . Remagen	—	352	—	—	95	—	86	—	49
. . Steeten (Wildscheuer)	—	370	366	—	—	—	—	—	—
Plazgauer nach Branco	—	—	370	—	88	79	83	68	41
	—	—	320	—	108	98	103	85	52
Holländischer Harttraber	460	380	374	370	92	82	90	72	47
Hengst Nr. 1181	476	391	380	372	90	79	85	71	44
Arabische Stute	435	358	358	350	86	78	80	66	42
Stute von Turkistan	390	325	321	312	78	71	73	61	37
Falber Pony	364	298	292	284	70	66	64	56	34.5
Exmoor Pony	342	279	274	263	66	60	68	50	28
Isländer. Kopenhagener	—	—	300	—	—	—	—	—	—
Oldenburger Kreisgruben-Pferd	355	295	288	—	68	61	59	52	31
Esel von Halle Nr. 1129	305	255	249	—	—	—	—	—	—
Proskau Nr. 8118	—	—	252	—	—	—	—	—	—
Kiang ♀	384	318	312	300	72	64	67	56	31
Zebra juv.	—	268	264	—	69	62	65	54	30
Quagga nach Branco	—	—	287	—	77	67	67	56	37

Das Olecranon von Westeregeln, welches Taf. VIII, Fig. 5 abgebildet ist, ragt, in die richtige Lage zum Radius gebracht, 114 *mm* über diesen hinaus. Ich habe es aber bei Berechnung der ganzen Unterarmslänge nur mit 100 *mm* in Anrechnung gebracht. Seine grösste Dicke, resp. Höhe beträgt 76, seine transversale Breite am Ellenbogenhöcker 31, unterhalb desselben 21 *mm*.

---

1) Dieser Radius ist in der Mitte verletzt, sodass die Gesammtlänge nicht genau gemessen, aber doch mit grosser Sicherheit taxirt werden konnte.

Die Unterarmsknochen des kleinen Pferdes von Spandau, sowie des aus den oldenburgischen Kreisgruben sind klein und schmal; auch weichen die Gelenkflächen in manchen Punkten ab. Vergl. Taf. VIII, Fig. 7.

Sehr kräftig ist der diluviale Radius von Stecten a. d. Lahn, welcher dem Alterthumsmuseum in Wiesbaden gehört, ebenso der erste Radius von Westeregeln; verhältnissmässig klein ist der zweite Radius von Westeregeln, welcher im vorigen Winter mit den Mammuthresten zum Vorschein kam. Vergl. oben pag. 92. Doch sind die Schwankungen in der Grösse bei unserem Diluvialpferde nicht so gross,[1]) wie sie nach Branco bei den heutigen Pinzgauern vorkommen.

Die Handwurzel (Carpus).
(Das Vorderknie der Veterinäre.)

Von der Handwurzel des Diluvialpferdes von Westeregeln liegen mir prachtvolle Reste vor; nicht nur sind die einzelnen Knochen in ansehnlicher Zahl und ausgezeichneter Erhaltung vorhanden, sondern es sind auch einige zusammengehörige, vollständige Handwurzeln von mir in situ ausgegraben worden, so dass wir uns von dem Bau und der Stärke derselben mit voller Sicherheit unterrichten können.

Unser Diluvialpferd von Westeregeln hat ein sehr kräftig und gesund gebautes „Vorderknie" gehabt; das lässt sich nach den vorliegenden Resten gar nicht verkennen. Auf eine Beschreibung der einzelnen Knochen, welche mir theilweise in je 8—10 Exemplaren vorliegen, kann ich hier unmöglich eingehen, zumal da ich keine Abbildungen derselben herstellen lassen konnte.[2]) Ich hebe nur den Umstand hervor, dass das Trapezoid der einen (von mir im Zusammenhange mit dem Radius und dem Metacarpus nebst Phalangen ausgegrabenen) Handwurzel eine ansehnliche und deutlich ausgeprägte Gelenkfläche für ein Trapezium besitzt. Letzteres selbst ist zwar bei der Ausgrabung verloren gegangen; aber seine ehemalige Existenz ist durch jene Gelenkfläche bewiesen. Bei den recenten Pferden kommt diese Bildung hier und da auch vor, aber doch verhältnissmässig selten, und sehr selten in der Grösse, wie bei unserem Diluvialpferde. Man vergleiche über diesen Punkt meine Mittheilungen im Arch. f. Anthrop. Bd. X, p. 395 nebst der zugehörigen Abbildung.

Ueber die Dimensionen der Handwurzel theile ich Folgendes mit:

Dimensionen des Carpus	Grösste Höhe	Grösste Breite
Diluvialpferd von Westeregeln . . .	48	74
Arabische Stute (Nr. 3314)	48	68
Araber meiner eigenen Sammlung[3]) .	45	62
Holländischer Harttraber	49	75

1) Selbstverständlich handelt es sich hier stets um erwachsene Individuen, wenn nicht das Gegentheil bemerkt wird.

2) Ich bemerke, dass im Allgemeinen die Ausdehnung der Gelenkflächen von vorn nach hinten, zumal an den Knochen der 1. Reihe, verhältnissmässig geringer erscheint, als bei Hauspferden gleicher Grösse.

3) Es ist dieses lediglich ein Präparat des Carpus im Zusammenhange mit der unteren Hälfte des Radius und der oberen Hälfte des Metacarpus; dasselbe stammt von einem durch Feinheit und Härte der Knochen ausgezeichneten Araber.

Nach Franck soll sich der Carpus der orientalischen Pferde durch relative Kürze und Schmalheit von dem der schweren occidentalen Pferde unterscheiden; wenn die Länge des „Schienbeins" (Metacarpus medius) = 100 gesetzt wird, so soll beim orientalischen, resp. arabischen Pferde die Höhe der Handwurzel 18, die Breite 29 betragen. Ich habe für unsere arab. Schimmelstute (No. 3314) die Höhe auf 19,6, die Breite auf 28 berechnet. Für das Diluvialpferd von Westeregeln berechnet sich die Höhe des Carpus, wenn ich ihn mit dem zugehörigen Metacarpus vergleiche, auf 20,5, die Breite auf 31, also immerhin mehr, als bei der arabischen Stute. Für unsere Holländer Harttraber-Stute ergiebt sich das Verhältniss von 19, resp. 29, woraus hervorgeht, dass dieses Pferd, welches im Uebrigen den entschiedensten Gegensatz zu der arabischen Rasse bildet, in diesem Punkte von der arabischen Stute wenig abweicht. Mir scheint überhaupt nur der Breitenunterschied wesentlich zu sein, nicht der Unterschied in der Höhe.

Die Mittelhand (Metacarpus).
(Das vordere Schienbein der Veterinäre.)
Taf. IX, Fig. 7, 7a u. 7b.

Die Mittelhand besteht bei den heutigen Equiden bekanntlich aus dem stark entwickelten Metacarpus tertius (oder medius) und den beiden verkümmerten Metacarpi II und IV, welche gewöhnlich als „Griffelbeine" bezeichnet werden. Nur selten finden sich bei den recenten Equiden Phalangen an den Griffelbeinen,[1]) während dieses bei den Equiden der Tertiärperiode (Anchitherium, Hipparion) regelmässig der Fall war.

Unser Diluvialpferd steht in diesem Punkte den heutigen Equiden und speziell dem E. caballus sehr nahe; doch scheint bei ihm die Verkümmerung der Griffelbeine im Allgemeinen noch nicht so weit vorgeschritten zu sein, als es bei den heutigen Hauspferden, zumal bei den arabischen Pferden, durchschnittlich beobachtet wird. Ich werde weiter unten über dieses Verhältniss noch einige speziellere Angaben machen. Zunächst gehe ich auf den Metacarpus tertius ein.

Das sog. „vordere Schienbein", ein Ausdruck, der besser aus der Nomenclatur der wissenschaftlichen Werke verbannt bliebe, da er ganz inkorrekt ist, habe ich hinsichtlich der Länge zwiefach gemessen. Die „grösste Länge" versteht sich von selbst; die „Länge an der Aussenseite" ist gemessen von der Aussenecke der lateralen Facette an der oberen Gelenkfläche bis zum tiefsten Punkte des Aussenrandes der unteren Gelenkwalze. Es ist also bei der letzten Messung die mittlere Rolle der unteren Gelenkwalze nicht mitgerechnet. Ich hoffe, dass diese Messung für den Vergleich mit montirten Skeletten, sowie auch vielleicht mit lebenden Individuen brauchbar sein wird. Bei grösseren Pferden pflegt zwischen der grössten Länge und der Länge an der Aussenseite eine Differenz von 10 *mm* zu herrschen, was für Proportions-Berechnungen schon sehr wesentlich sein kann.

---

1) Vergl. Hensel, Hipparion mediterraneum, Abh. d. kgl. Akad. d. Wiss. z. Berlin, 1860, p. 69—78. v. Siebold, „Das Hipparion auf dem Jahrmarkte", im Arch. f. Anthrop., Bd. 13, p. 427 ff. Franck, Anat. d. Hausth., 2. Aufl., pag. 228.

Dimensionen des Metacarpus medius und der Griffelbeine	Metacarpus medius					Länge der Griffelbeine	
	Grösste Länge	Länge an der Aussenseite	Transversale Breite:			inneres	äusseres
			oben	in der Mitte	unten		
Diluvialpferd von Westeregeln . . .	235	225	57	41,5	55	—	—
" " " . . .	230	219	58	40	58,5	—	—
" " " . . .	227	217	54	40	54	156	—
" " Thiede[1]	226	218	57	39	54,5	157	—
" "	225	—	53	84	52	—	—
" " [2]	230	—	—	—	—	—	—
" " v. Quedlinburg (n. Branco)	226	—	55	42	54	—	—
" " "	224	—	58	41	54	—	—
" von Rixdorf bei Berlin[3]	249	240	59	44	56	—	—
" " Gera	227	—	51	—	54	—	—
" " Steeten an der Lahn	230	—	55	—	52,5	—	—
" "	225	—	53,5	—	54,5	—	—
" " Remagen	239	—	60	38	57	—	—
Pinzgauer (nach Branco)	278	—	70	44	69	—	—
" "	260	—	69	48	63	—	—
" "	240	—	58	37	53	—	—
Holländischer Harttraber	258	247	57	42	55	175	179
Hengst (Nr. 1181)	252	243	58	38	55	185	184
Arabische Stute	244	239	51	34,5	51	170	155
Turkistanische Stute	210	202	46	33	47	—	—
Renz'scher Pony	200	190	43,3	29,5	44	137	138
Exmoor-Pony	182	175	40	25,9	38	125	125
Isländer (Kopenhagen)	210(?)	—	—	—	—	—	—
Esel aus Halle (Nr. 1129)	169	163	37	24	34,5	126	119
Equus hemionus ♀ (Tibet)	232	229	46	28	42	174	174
" " foss. (Quedlinburg) .	230	—	46	28,6	42	—	—
" quagga (nach Branco) . . .	203	—	44	30	43	—	—
Zebra juv.	185	177	44,3	28,3	37,5	—	—

Aus obiger Tabelle ergiebt sich, dass der mittlere Metacarpus unseres Diluvialpferdes, zumal desjenigen von Westeregeln, eine verhältnissmässig kurze, gedrungene Gestalt hat, viel mehr, als dieses aus unserer Abbildung ersichtlich ist. Bei Herstellung der letzteren hat der Zeichner sich in so fern geirrt, als er von zwei zur Ausmessung von mir benutzten Metacarpen die Dimensionen vermischt hat; die Länge ist von dem grössten (235 *mm* langen) Exemplare entnommen, die übrigen Proportionen nebst denen des Griffelbeines gehören aber dem kleinsten (226 *mm* langen) Metacarpus an. Ich hatte den kürzesten Metacarpus und den kürzesten Metatarsus zum Zeichnen ausgesucht. Als ich den Irrthum entdeckte, waren die Zeichnungen schon auf den Stein übertragen und ohne grosse Schwierigkeit nicht mehr zu ändern. Ich bitte dieses bei der Betrachtung und Benutzung der sonst durchweg korrekt ausgeführten Abbildungen zu berücksichtigen. Uebrigens entspricht das Bild des dargestellten Metacarpus fast gänzlich dem des längsten Metacarpus von Westeregeln, wenngleich er etwas zu schlank erscheint, zumal neben dem kurzen, gedrungenen Metatarsus (Fig. 8).

Von den kurzen, gedrungenen, fast plump zu nennenden Metacarpi unseres schweren Diluvialpferdes weichen die hie und da in denselben Ablagerungen

<hr>

1) Von einem noch nicht völlig ausgewachsenen Thiere.

2) Eigenthum meines früheren Schülers, des Herrn Stud. A. Wollemann in Boerssum.

3) Dieser Metacarpus ist kürzlich in den diluvialen Sanden von Rixdorf gefunden und an Ort und Stelle von mir acquirirt worden.

gefundenen Metacarpi (sowie auch Metatarsi, Phalangen etc.) einer zweiten, schlank gebauten Equus-Art ab, auf welche sich die drittletzte Zeile unserer vorstehenden Tabelle bezieht. Die betr. Maassangaben sind den Mittheilungen Giebel's entnommen, welche derselbe in der Zeitschr. f. d. ges. Naturwiss. 1880, Bd. 53, p. 518 ff. gemacht hat[1]). Giebel spricht dort von zwei verschiedenen Arten von fossilen Pferden, deren Reste er früher in den Diluvial-Ablagerungen der Gypsbrüche auf dem Seveckenberge bei Quedlinburg ausgegraben hat. Die eine Art hat dicke, plumpe Knochen, wie unser Diluvialpferd aus den nahe benachbarten Gypsbrüchen von Westeregeln, die andere, seltene Art hat sehr schlanke Extremitätenknochen.

Giebel spricht sich über die Beziehung der letzteren zu einer der lebenden Equus-Arten nicht näher aus; ich behaupte aber, dass diese schlanken Metacarpi und Metatarsi etc. zu Equus hemionus gehören, wie ich das früher schon von einigen ähnlichen Resten mit ziemlicher Bestimmtheit vermuthet habe. Eine genauere Uebereinstimmung, wie sie zwischen dem Metacarpus aus dem Quedlinburger Diluvium und dem unserer Kiang-Stute besteht, kann man überhaupt nicht verlangen. Dasselbe Verhältniss wird sich weiter unten bei der Besprechung des Metatarsus und der Phalangen ergeben. Ebenso stimmen die von mir früher beschriebenen Wildesel-Reste aus der Lindenthaler Hyänenhöhle bei Gera vollständig mit E. hemionus überein, und ich glaube mich nicht zu täuschen, wenn ich die Mehrzahl der von verschiedenen Fundorten Mittel- und West-Europa's aufgeführten diluvialen Esel-Reste auf obige Spezies beziehe, während sie meistens mit E. asinus in Beziehung gebracht worden sind.

Für mich hat das Vorkommen von fossilen Hemionus-Resten in unserem postglacialen Diluvium gar nichts Befremdendes. Wo Saiga-Antilopen, Springmäuse (Alactaga jaculus), Bobacs (Arctomys bobac), Steppenziesel (Spermoph. rufescens) etc. gehaust haben, da konnte auch der Dschiggetai sehr wohl existiren. Ja, es wäre auffallend, wenn er in jener Fauna gänzlich fehlte!

Kehren wir nach diesem Excurse, in welchem ich den Beweis für meine oben p. 87 ausgesprochene Ansicht geliefert zu haben glaube, zu unseren schweren Diluvialpferden zurück!

Unter den recenten Pferdeskeletten, welche ich vergleichen konnte, ist keines, welches einen so kräftig und gedrungen gebauten Metacarpus aufzuweisen hätte, wie das Diluvialpferd von Westeregeln. Wenn ein kurzes, kräftiges, besonders in den Gelenktheilen breit gebautes „Schienbein" als wünschenswerth für ein Gebrauchspferd von den heutigen Hippologen bezeichnet wird, so entspricht unser Diluvialpferd in diesem Punkte selbst den weitestgehenden Ansprüchen.

Der längste mir vorliegende fossile Metacarpus ist der von Rixdorf; derselbe scheint einer grösseren Rasse anzugehören. Er ist in einer praeglacialen Schicht[2]) gefunden, während die Ablagerungen, in denen ich die diluvialen Pferdereste bei Westeregeln gefunden habe, nach meiner Ansicht postglacial, also erst nach der Eiszeit abgelagert sind.

---

1) Giebel giebt dort allerdings nicht die Breite des mittleren Theils, sondern dessen Umfang an; ich habe aus letzterem die Breite berechnet.

2) Ich nenne sie deswegen praeglacial, weil sie unter dem sogen. Diluvialmergel liegt, welcher letztere heutzutage meist als Produkt des in der Glacialperiode unsere Gegend bedeckenden Gletschereises betrachtet wird.

Was die Griffelbeine anbetrifft, so sind dieselben an den Metacarpi des Diluvialpferdes von Thiede und Westeregeln, mit Ausnahme eines Exemplars[1]), unverwachsen. Es ist dieses auch sonst regelmässig beobachtet worden, und es wird das Nichtverwachsen der Griffelbeine von der Mehrzahl der Autoren, welche über das Diluvialpferd geschrieben haben, als ein wesentlicher Unterschied gegenüber dem heutigen Hauspferde hingestellt. Man nimmt nämlich allgemein an, dass bei dem letzteren im Alter von 7—8 Jahren die Griffelbeine stets oder doch regelmässig verwachsen. Ich kann dieses jedoch nach meinem Material gar nicht als richtig oder allgemein gültig anerkennen. Ich muss vielmehr konstatiren, dass bei den Pferde-Skeletten unserer Sammlung das Verwachsen der Griffelbeine die Ausnahme, das Nichtverwachsen die Regel ist.

Dieses wird am besten aus der folgenden Tabelle zu ersehen sein, in welcher auch die Griffelbeine des Metatarsus mit berücksichtigt sind:

	Metacarpus:		Metatarsus:	
	inneres Griffelbein	äusseres Griffelbein	inneres Griffelbein	äusseres Griffelbein
Holländisch. Harttraber ♀, 30jährig	verwachsen	nicht verw.	verwachsen	nicht verw.
Hengst (Nr. 1181), 12jährig . . .	do.	do.	nicht verw.	do
Arabische Stute, 25—30jährig . .	do.	do.	nur an einem Beine verw.	do.
Turkistanische Stute, 8—10jährig	do.	do.	do.	do.
Renz'scher Pony ♂, 8—10jährig	do.	do.	nicht verw.	do.
Exmoor-Pony ♀, 15jährig	nicht verw.	do.	do.	do.
Esel aus Halle, alt	do.	do.	do.	do.
„ „ Proskau, sehr alt	do.	do.	do.	do.
Equus hemionus ♀, alt	nur an dem einen Beine verwachsen, und zwar schwach	do.	do.	do.

Ich denke, dass aus der obigen Tabelle die Richtigkeit meiner oben ausgesprochenen Behauptung, so weit unser Material in Betracht kommt, deutlich genug hervorgeht. Wir besitzen nicht einen einzigen Metacarpus oder Metatarsus (abgesehen von den Präparaten mit krankhaften Bildungen, wie Spat etc.), mit dem das äussere Griffelbein verwachsen wäre. Wo Verwachsungen vorkommen, betreffen sie regelmässig das innere Griffelbein, und zwar häufiger am Metacarpus, als am Metatarsus.

Ich kann daher den hinsichtlich des Verwachsens der Griffelbeine gewöhnlich angenommenen Unterschied zwischen den diluvialen Pferden und den

---

1) Es ist dieses der Metacarpus, welcher zu dem oben erwähnten, von mir im Zusammenhang ausgegrabenen Vorderbeine gehört. Beide Griffelbeine befinden sich noch in situ; das eine (innere) ist sehr deutlich, das andere schwach verwachsen. Genau genommen, scheint es sich hier mehr um eine Exostose, als um eine normale Verwachsung zu handeln. — Im Uebrigen kenne ich aus der Wildscheuer von Steeten a. d. Lahn zwei Metacarpi mit verwachsenem inneren Griffelbein.

heutigen Hauspferden nicht als wesentlich anerkennen, wenngleich ich gern zugebe, dass das Nichtverwachsen der Griffelbeine bei den diluvialen Pferden noch häufiger vorkommt, als bei unseren Hauspferden.[1])

Während ich also in dem Nichtverwachsen der Griffelbeine keinen so entschiedenen Unterschied zu sehen vermag, wie andere Autoren, muss ich hervorheben, dass die Griffelbeine des Diluvialpferdes von Westeregeln Thiede und anderen Fundorten durchweg stärker und länger entwickelt sind, als dieses bei unseren Hauspferden der Fall zu sein pflegt. Ein verhältnissmässig ebenso langes und dickes inneres Griffelbein, wie an dem Taf. 9, Fig. 7a abgebildeten Metacarpus (vergl. meine Bemerkung oben p. 130), habe ich an keinem recenten Skelette unserer Sammlung beobachten können. Auch in diesem Punkte steht, wie mir scheint, unser Diluvialpferd dem schweren occidentalen Pferde näher, als dem leichten orientalischen. Wenigstens finde ich die Griffelbeine der arabischen Stute, sowie des mit orientalischem Blute jedenfalls gekreuzten Hengstes No. 1181 im unteren Theile ganz auffallend dünn und spitz, während sie bei der jedenfalls zu den schweren occidentalen Pferden zu rechnenden Harttraber-Stute verhältnissmässig dick gestaltet sind.

Auch die oberen Gelenktheile und Gelenkflächen der Griffelbeine des Diluvialpferdes zeigen neben einer sehr kräftigen Entwicklung manche Eigenthümlichkeiten, welche man im Wesentlichen als Annäberungen an die fossilen Vorfahren desselben betrachten darf. Es würde jedoch zu weit führen, dieselben hier genau zu betrachten. Wer sich dafür interessirt, wird in der zu Anfang zitirten Arbeit Forsyth Major's sehr Vieles finden, was auch auf unser Diluvialpferd passt.[2])

Die Fessel-, Kron- und Hufbeine der Vorder-Extremität werden zusammen mit denen der Hinter-Extremität besprochen werden.

Das Becken (Pelvis).

Das Becken des Diluvialpferdes von Remagen ist zwar erhalten, doch hat Herr Schwarze mir die Dimensionen desselben nicht mitgetheilt, da grade die als Endpunkte zu wählenden Ecken theils beschädigt, theils mit Gestein bedeckt sind. Von Thiede und Westeregeln habe ich keine Beckenreste mitgebracht; ein Beckenfragment aus der Hoesch's Höhle in Oberfranken ist zu unvollständig, um es genauer zu beschreiben.

Ich theile deshalb nur die Dimensionen des Beckens von der Holländer Harttraber-Stute und von der Kiang-Stute mit, weil damit vielleicht einigen Lesern gedient ist:

(Hier folgt Tabelle auf Seite 134.)

Der Oberschenkel (Femur).

Vom Femur liegen mir nur zwei jugendliche, der oberen Epiphyse beraubte und am oberen Ende noch dazu etwas verletzte Exemplare vor. Der eine,

---

1) Ich möchte fast glauben, dass die Form der Hufeisen, die Art des Beschlagens und die grössere oder geringere Anstrengung beim Ziehen schwerer Fuhrwerke oder beim Tragen schwerer Lasten einen gewissen Einfluss auf das Verwachsen oder Nichtverwachsen der Griffelbeine unserer Hauspferde ausüben.

2) Forsyth Major hat auch die Hand- und Fusswurzelknochen a. a. O. einer ausführlichen und subtilen Betrachtung unterworfen, was ich hier für die Leser der Jahrbücher, zumal für die Veterinäre und Hippologen, hervorhebe.

Dimensionen des Beckens.	Grösste Länge des Beckens	Grösster Abstand der äusseren Darmbein-Winkel	Grösster Abstand der inneren (oberen) Darmbein-Winkel	Grösste Breite einer Darmbein-Schaufel	Grösster Abstand der Sitzbein-Höcker
Holländischer Harttraber .	485	555	34	310	266
Kiang	365	400	43	260	195

etwas ältere stammt aus der von mir als Hoesch's Höhle bezeichneten Fundstätte bei Neumühle in bayr. Oberfranken;[1]) der andere, jüngere ist im vorigen Winter bei Westeregeln mit den oben schon mehrfach erwähnten Resten neben Mammuth, Rhinozeros etc. ausgegraben, er gehört einem etwa 2½jährigen Füllen an, wie man aus dem daneben gefundenen Gebiss, sowie aus der Beschaffenheit des zugehörigen Metatarsus schliessen kann. Immerhin lässt schon dieser jugendliche Oberschenkel erkennen, dass der entsprechende Knochen erwachsener Individuen sehr dick und kräftig war.

Dasselbe gilt von dem Oberschenkel des Diluvialpferdes von Remagen. Ueber Formverschiedenheiten habe ich nichts zu melden; ich gebe daher nur noch die Messungen der verglichenen fossilen und recenten Oberschenkel in nachstehender Tabelle.

Dimensionen des Femur	Grösste Länge	Länge vom Caput Femoris ab	Transversale Breite oben im Niveau des Caput Femoris	Transversale Breite unten (an dem eigentl. Gelenk)[2])	Dicke am Condyl. intern.
Diluvialpferd von Westeregeln, juv. . . .	—	340[3])	—	108	112
„ aus der Hoesch's Höhle juv.	—	377[3])	—	102	135
„ von Remagen	408	—	135	106	—
Pinzgauer nach Branco	—	405	145	121	—
„	—	395	128	103	—
Holländischer Harttraber	443	395	144	106	141
Hengst Nr. 1181	466	426	136	105	138
Arabische Stute	425	377	124	93	126
Turkistan-Stute	383	346	108	79	110
Renz'scher Pony	350	325	102	77	107
Isländer, Kopenhagen	370?	—	—	—	—
Exmoor-Pony	326	300	88	68	93
Pferd des Spandauer Bronzefundes . .	—	285[3])	87	75	100
„ der Oldenburger Kreisgruben . .	335	—	—	77	100
„ des Fundes von Salzderhelden . .	345	327	106	83	104
Esel ♀ aus Halle	283	258	78	60	85
Esel ♂ aus Proskau	290	263	81	60	79
Kiang-Stute	358	320	101	78	108
Zebra juv.	316	290	93	71	101

1) Vergl. meine Uebersicht üb. 24 mitteleurop. Quartär-Faunen in d. Zeitschr. d. d. geol. Ges. 1880, p. 481 f.

2) Ich habe hier nicht die grösste Breite des unteren Gelenktheils, sondern nur die Breite der Condylen, so weit die Gelenkflächen reichen, angegeben.

3) Ohne obere Epiphyse und ausserdem oben etwas abgestossen, also wesentlich kürzer, als sie ursprünglich waren.

Die Kniescheibe (Patella).
Taf. IX, Fig. 15 u. 15a.

Die Kniescheibe liegt in 4 ausgezeichnet erhaltenen Exemplaren vor, welche ich zusammen mit den übrigen Equus-Resten bei Westeregeln ausgegraben habe. Dieselben zeigen bei mässiger Grösse eine elegante Form, wie man sie bei einem heutigen Pferde sich nur irgend wünschen kann. (Vergl. die Abbildungen!)

Ich habe drei Exemplare gemessen; die grosse Diagonale der unter Fig. 15a dargestellten Gelenkfläche misst bei ihnen 73, resp. 72, resp. 70 *mm*, die kleine Diagonale 58, resp. 62, resp. 57 *mm*. Die Dicke des Knochens ist verhältnissmässig bedeutend; sie beträgt durchschnitlich 40 *mm*.

Der Unterschenkel (Tibia und Fibula).
Taf. IX, Fig. 1 u. 2.

Vom Unterschenkel liegt mir verhältnissmässig wenig Material vor; es ist eine ausgewachsene, sehr kräftige, am oberen Ende leider verletzte Tibia und eine juvenile, nur im unteren Drittel erhaltene Tibia eines etwa 2½jährigen Füllens, beide von dem vor einem Jahre bei Westeregeln gemachten Funde herrührend, ferner die untere Epiphyse eines sehr jungen Füllens von meinen früheren Ausgrabungen bei Westeregeln herstammend[1]), sowie endlich die obere Hälfte einer sehr starken Tibia, welche ich im Seveckenberge bei Quedlinburg gefunden habe.

Die ausgewachsenen Exemplare, welche sich gegenseitig ergänzen, deuten einen kräftigen, den übrigen Extremitätenknochen entsprechenden Bau der Tibia an. Wenn man die Länge derselben nach entsprechend gebauten Tibien jetziger Pferde ergänzt, so ergiebt sich für die Tibia von Quedlinburg eine etwas grössere Länge, als für die von Westeregeln. Zu der folgenden Tabelle bemerke ich, dass Branco die Länge der Tibia an der Vorderseite gemessen hat; ich selbst habe 1. die grösste Länge (also sammt dem sogenannten Zahnfortsatze zwischen den beiden oberen Gelenkflächen) und 2. die Länge an der Aussenseite gemessen. Letztere Dimension erschien mir besonders wichtig, einerseits weil der Zahnfortsatz starken individuellen Schwankungen in seiner Entwicklung unterliegt und bei fossilen Tibien selten vollständig erhalten ist, andererseits weil die Länge an der Aussenseite auch an montirten Skeletten leicht kontrollirt werden kann, endlich weil die so gemessene Tibia fast immer mit dem Radius in der Länge übereinstimmt.

Die umstehende Tabelle beweist uns, dass die Tibia (das „Schienbein“ im eigentlichen Sinne) bei unserem Diluvialpferde Dimensionen hatte, welche denen der heutigen mittelschweren Pferde in Grösse und Form sehr nahe kommen, dagegen von den zierlichen Proportionen des arabischen Pferdes, sowie der Ponies sich wesentlich entfernen.

Sehr interessant erscheint mir die plumpe Tibia von Spandau, welche nachträglich neben anderen, unzweifelhaft zum Bronzefunde gehörigen Resten entdeckt worden ist und denselben Erhaltungszustand zeigt, wie diese.[2]) Sie

---

1) Sowohl zu dieser, als zu der vorerwähnten Füllen-Tibia ist das zugehörige Sprunggelenk im Zusammenhange erhalten.

2) Eigenthum des ethnograph. Museums hierselbst, während die Reste des kleinen Pferdes von Spandau von mir für unsere Hochschule acquirirt wurden.

Dimensionen der Tibia	Länge an der Vorderseite	Grösste Länge	Länge an der Aussenseite	Breite		
				des oberen Theils	des unteren Theils	des unteren Gelenks
Diluv.-Pferd v. Westeregeln, alt	—	—	340?	—	88	66
„ „ „ n. Branco	340	—	—	103	85	—
„ „ „ Quedlinburg . .	—	370?	350?	110	—	—
„ „ „ Remagen . . .	—	364	—	109	—	—
Pinzgauer nach Branco . . .	390	—	—	130	99	—
„ „ „ „ . . .	365	—	—	109	83	—
„ „ „ . . .	306	—	—	91	72	—
Holländischer Harttraber . . .	—	395	370	118	91	67
Hengst Nr. 1181	—	412	375	113	87	66
Arabische Stute	—	387	350	100	76	59
Turkistan-Stute	—	347	319	91	71	51
Renz'scher Pony	—	315	289	86	65	49
Exmoor-Pony	—	288	268	75	58	46
Isländer-Kopenhagen	—	310?	—	—	—	—
Spandauer Bronzefund a . . .	—	311	287	80	60	46
„ „ b[1]) . . .	—	400	375	103	84	64
Oldenburger Kreisgruben . . .	—	300	282	80	60	48
Esel von Halle	—	263	249	67	54	40
„ „ Proskau	—	265	252	65	51	37
Kiang Stute	—	334	314	84	65	49
Zebra juv.	—	295	277	—	—	—
Quagga nach Branco.	300	—	—	88	67	—

liefert den Beweis, dass in der Bronzezeit neben der kleinen, dünnknochigen Rasse[2]) auch eine grosse, plumpe Rasse in unserer Gegend existirt hat.

Auch in dem Torfmoor von Alvesse bei Braunschweig habe ich eine Tibia (nebst anderen zugehörigen Resten) gefunden, welche ein schwereres Pferd andeutet, als das kleine Bronzepferd von Spandau, ohne freilich die grosse Tibia des letzteren Fundortes zu erreichen. —

Was die Fibula anbetrifft, so ist dieselbe bei den heutigen Equiden gewöhnlich stark verkümmert, während dieses bei den Equiden der Tertiärzeit, zumal beim Anchitherium, noch nicht in dem Grade der Fall war. Es finden sich aber auch unter den heutigen Equiden nicht selten Individuen, an denen eine verhältnissmässig stark und lang entwickelte, mit dem mittleren Theile der Tibia verwachsene Fibula vorkommt; dahin gehört z. B. unsere Kiang-Stute, sowie unsere 20 jährige Cleveland-Stute.[3])

Bei unserem Diluvialpferde scheint die Fibula im Allgemeinen schon ebenso stark verkümmert zu sein, wie bei den heutigen Pferden; doch hebe ich hervor, dass der zur Fibula gehörige Theil des unteren Gelenks der Tibia scharf und deutlich, auch bei alten Individuen, abgegrenzt erscheint. Vgl. Taf. IX, Fig. 1.

Die Fusswurzel (Tarsus.)
(Das sog. Sprunggelenk).
Taf. IX, Fig. 3, 4, 5 u. 6.

Was ich von der Handwurzel des Diluvialpferdes von Westeregeln gesagt habe, gilt auch von der Fusswurzel; sie ist sehr kräftig gebaut, die einzelnen

---

1) Diese Tibia eines grossen, plumpen Pferdes ist erst im letzten Sommer beim Wegräumen der vom Bronzefund herrührenden Erdmassen gefunden.

2) Vergl. Taf. IX, Fig. 2, 4, 6, 9, 11.

3) Vergl. meine diesbezüglichen Mittheilungen im Sitzgsber. d. Ges. naturf. Fr. 1882, No. 4.

Knochen derselben besitzen scharf markirte, man kann wohl sagen: musterhafte Formen. Ich habe sowohl bei Westeregeln, als auch bei Thiede mehrere vollständige Sprunggelenke im Zusammenhange gefunden, ausserdem viele einzelne Tarsalknochen, so dass unsere Sammlung ausgezeichnete Specimina dieser Skeletpartie aufzuweisen hat.

Auf eine Beschreibung derselben kann ich hier nicht eingeben [1]). Ich habe ein Fersenbein (Calcaneus) und ein Rollbein (Astragalus) von Westeregeln und daneben die entsprechenden Knochen des kleinen Bronzepferdes von Spandau abbilden lassen, um eine Vorstellung von ihrer Form zu geben.[2])

Die Grössenverhältnisse des Fersenbeines und des Rollbeins gehen aus folgender Tabelle hervor:

| Dimensionen des Calcaneus und des Astragalus | Calcaneus | | Astragalus | | |
| | Grösste Länge | Grösste Breite am Sustentaculum Tali | Länge der grossen Diagonale der Gelenkrolle | Gelenkfläche für das Naviculare | |
				Breite	Höbe
Diluvialpf. von Westeregeln . .	117	55	83	60	41
„ „ . . .	115	57	86	57	39
„ „ Thiele . . .	120	56	84	60	41
Diluvialpf. v. Quedlinb. (Branco)	119	49	—	—	—
Holländischer Harttraber . . .	128	60	89	60	43
Hengst Nr. 1181	127	58	84	61	40
Arabische Stute	116	46	79	57	37
Turkistan-Stute	102	39	67	47	31
Spandauer Bronzefund	91,5	38	61	44,5	29
Kiang-Stute	104	39	67	44,5	33
Esel von Halle	80	36	55	36	25

Der Mittelfuss (Metatarsus.)
(Das sog. hintere Schienbein).
Taf. IX, Fig. 8, 8a. 9 u. 9a.

Die Mittelfussknochen waren bei Westeregeln ebenso zahlreich, wie die Mittelhandknochen; auch bei Thiede habe ich mehrere wohl erhaltene Exemplare gefunden, und von anderen Fundorten habe ich eine ansehnliche Zahl unter Händen gehabt. Sie sind natürlich länger und im Querschnitt runder, als die Mittelhandknochen; im Uebrigen entsprechen sie den letzteren hinsichtlich des kräftigen, gedrungenen Baues. Der obere Gelenktheil ist gewöhnlich gegen den mittleren Theil des Knochens stark abgeschnürt (mehr noch, als es in unserer Abbildung hervortritt), der untere Gelenktheil zeigt sehr energische Formen, wie es in unserer Abbildung gut ausgedrückt ist.

Von der Seite betrachtet, erscheinen die Metatarsi unseres Diluvialpferdes im unteren Drittel meistens etwas gekrümmt, d. h. der untere Gelenktheil ist etwas nach hinten gebogen, was an Hipparion erinnert [3]).

---

1) Vergl. Forsyth Major, a. a. O. p. 48 ff.

2) Ich hebe noch hervor, dass ich an keinem der diluvialen Sprunggelenks-Knochen irgend welche Spuren von Spathbildung beobachtet habe.

3) Dasselbe finden wir bei Equus Andium, einer fossilen Pferdeart, welche auch hinsichtlich der kurzen, gedrungenen Form der Metacarpi und Metatarsi sich mit unserem Diluvialpferde vergleichen lässt. Vergl. Branco, a. a. O. p. 96. Ich kann hier leider auf eine genauere Vergleichung nicht eingeben.

Die Griffelbeine habe ich niemals verwachsen gefunden, was allerdings auch bei unseren Hauspferden viel seltener ist, als man gewöhnlich annimmt. (Vgl. oben p. 132). Der obere Theil des äusseren Griffelbeins ist oft sehr massiv gebildet; seine Gelenkfläche für das Cuboideum der Fusswurzel habe ich bei unserem Diluvialpferde stets ungetheilt gefunden, während dieselbe bei den heutigen Hauspferden fast immer in zwei getrennte Gelenkflächen zertheilt ist.

Die Dimensionen sind aus nachstehender Tabelle ersichtlich; die Art der Messung geht aus den Ueberschriften hervor.

Dimensionen des Metatarsus	Grösste Länge	Länge vorn in der Mittellinie	Länge an der Aussenseite	Transversale Breite			Oberer Theil der Griffelbeine			
				oben	mitten	unten	inneres dick	inneres breit	äusseres dick	äusseres breit
Diluvialpf. v. Westeregeln	283	280	273	58	37	56	22	11	29,5	22
„ „ „	284	277	270	56	37,5	57	21	11	29	20,5
„ „ „	261	260	252	58	38,5	55	21,5	12	33	23
„ „ „ (Mammuthfund)	270	267	259	57	38	55	—	—	—	—
Diluvialpf. v. Westeregeln juvenil	271	270	262	50	28	51	—	—	—	—
„ „ Quedlinb. (Branco)	—	272	—	60	40	56	—	—	—	—
„ „	—	278	—	55	39	59	—	—	—	—
„ „ Thiede	267	266	257	59	39	58	—	—	33	21
„ „ (Wollemann)	280	—	—	—	—	—	—	—	—	—
„ „ Remagen	285	—	—	60	39	57	—	—	—	—
„ „ Steeten(Wildscheuer)	265	—	—	—	—	—	—	—	—	—
„ „ Gera(Hyaenenhöhle)	267	—	—	55	—	51	—	—	—	—
„ „	288	—	—	55	—	57	—	—	—	—
Pinzgauer nach Branco	—	280	—	55	31	51	—	—	—	—
„ „	—	305	—	62	40	67	—	—	—	—
„ Naumann	—	302	—	60	—	65	—	—	—	—
Holländischer Harttraber	300	300	294	56	40	57	26	15	28	20,5
Hengst Nr. 1181	297	296	295	59	37	55	23	16,5	29,5	22
Arabische Stute	291	291	286	52	32	53	20	13	25	19
Turkistan. Stute	255	254	218	47	31	47	20	13	28	17
Renz'scher Pony	241	238	232	45	27	41	—	—	—	—
Exmoor-Pony	219	218	213	41	21,5	39,5	—	—	—	—
Isländer nach Boas	210?	—	—	—	—	—	—	—	—	—
Spandauer Bronzefund	237	237	229	42	25	40,5	—	—	—	—
Oldenburger Kreisgruben	246	—	—	44	27	43	—	—	—	—
„	227	—	—	42	26	40	—	—	—	—
Esel von Halle	—	200	—	36	22	31	—	—	—	—
„ Proskau	—	201	197	35	20,5	33	—	—	—	—
E. hemionus ♀	276	276	270	40	28	40	17	11	25	19
Fossiler E. hemionus Quedlinbg.	—	—	250[1]	—	28	35	—	—	—	—
Zebra juv.	213	213	206	41	23	36	—	—	—	—
Quagga nach Branco	—	233	—	45	30	43	—	—	—	—

Wir sehen aus obiger Tabelle, dass der Metatarsus medius unseres Diluvialpferdes (bei den ausgewachsenen Individuen) fast ebenso breit und kräftig war, wie bei unseren schweren Rassen, dass dagegen seine Länge durchweg geringer ist, ein Verhältniss, welches ihm ein sehr gedrungenes Aussehen verleiht. Ganz besonders kurz und gedrungen ist das in unserer Abbildung (Taf. IX, Fig. 8) dargestellte Exemplar. Trotzdem kann man auch dieses nicht eigentlich plump

1) Der betr. Knochen ist nach Giebel's Angabe oben stark verletzt.

und unschön nennen, da die energische Bildung der Gelenke, die starke Ein-
schnürung rechts und links unterhalb des oberen Gelenks Abwechselung in die
Umrisse bringt und bei dem Beschauer mehr die Vorstellung von Kraft als von
Plumpheit erweckt.

Den schlanken, von Giebel a. a. O. beschriebenen Metatarsus aus dem
Diluvium von Quedlinburg rechne ich, ebenso wie den oben besprochenen
schlanken Metacarpus, zu E. hemionus. Seine Länge bleibt allerdings etwas
hinter unserem E. hemionus zurück; doch erklärt sich dieses theilweise aus
der Verletzung des oberen Gelenks. Ausserdem scheint er von einem kleineren
und vielleicht jüngeren Individuum herzustammen. — Auch die in dem folgenden Abschnitte resp. der zugehörigen Tabelle aufgeführten zierlichen Phalangen gehören meiner Ansicht nach zu E. hemionus [1]).

Die Fesselbeine und Kronbeine (Phalanx I u. II).
Taf. IX, Fig. 10, 11 u. 12.

Die Fessel- und Kronbeine unseres Diluvialpferdes liegen mir in zahlreichen,
unversehrten Exemplaren von alten und jungen Individuen vor. Die ausgewachsenen Exemplare entsprechen der Form der Metacarpi und Metatarsi in
jeder Hinsicht. Ich habe sie, wie schon oben einmal bemerkt wurde, bei Westeregeln mehrfach noch im natürlichen Zusammenhange mit den zugehörigen Metacarpi, resp. Metatarsi vorgefunden.

Ihr Bau ist äusserst kräftig und solide; die Gelenkflächen sind vorzüglich
ausgebildet. Da ich die Fessel- und Kronbeine der vorderen und hinteren
Extremitäten nicht mit voller Sicherheit zu unterscheiden vermag [2]), fasse ich
sie hier alle zusammen und gebe in nachstehender Tabelle eine vergleichende
Uebersicht über die Dimensionen einiger Exemplare. Die Fesselbeine des Hinter-
fusses scheinen am oberen Ende durchweg schmaler zu sein, als die des Vor-
derfusses; dagegen sind die letzteren meist am unteren Gelenk etwas schmaler.
Nach Franck sollen die hinteren Fesselbeine kürzer sein, als die vorderen.
Dieses stimmt jedoch nicht mit unseren montirten Skeletten; ich finde die hinteren Fesselbeine im Gegentheil regelmässig länger und schlanker, als die vorderen, sowohl bei den Pferden, als auch bei den Eseln. — Da diese Sache für
unser Thema keine wesentliche Bedeutung hat, gehe ich nicht näher darauf ein.
(Hier folgt Tabelle auf Seite 140.)

Die Hufbeine (Phalanx III).
Taf. IX, Fig. 13 n. 14.

Es bleiben uns noch die Hufbeine übrig. Auch diese entsprechen vollständig den Proportionen, welche wir an den Hufbeinen unserer schweren Pferde
finden. Ich habe bei Westeregeln eine ziemliche Anzahl von unversehrten Hufbeinen alter, mittelalter und junger Individuen ausgegraben. Sie haben eine
sehr schöne Form: nicht zu breit und nicht zu schmal, nicht zu hoch und nicht
zu niedrig; sie stehen offenbar zu dem Bau des übrigen Skeletts in einem sehr
passenden Verhältnisse.

---

1) Vergl. Sitzgsber. d. Ges. naturf. Fr. 1882, No. 4.

2) Auch an den zerlegten Skeletten unserer Sammlung sind die hinteren und vorderen
Fesselbeine, resp. Kronbeine nicht genauer bezeichnet; bei dem holl. Harttraber ist dies zwar
geschehen, doch mit Fragezeichen.

Dimensionen der Fessel- und Kronbeine	Fesselbeine:				Kronbeine:		
	Grösste Länge	Transversale Breite			Grösste Länge	Transversale Breite	
		oben	an der schmalsten Stelle	unten [1]		oben	unten [1]
Diluvialpferd von Westeregeln	86	64	41	48	47	59	55
„ „ „	85	62	39	48	49	60	57
„ „ „	88	64	42	49	49	60	54
„ „ „	91	62	39,5	51	53	56	51
„ „ Thiede	95	62	39	50	—	—	—
„ „ „	87	64	43	50	—	—	—
„ „ Remagen	87	62	—	50	50	56	49
„ „ Steeten (Wildscheuer) . .	89	57	—	53	—	—	—
„ aus der Hoesch's Höhle	93	56	38	50	—	—	—
Holländischer Harttraber (vorn?)	95	65	43	51	55	63	60
„ „ (hinten?)	101	63	44	52	—	—	—
Hengst (Nr. 1181)	95	59,5	—	50	—	—	—
Arabische Stute (vorn?)	89	60	34,5	46	49	55,5	52
„ „ (hinten?)	91	57	35	47	—	—	—
Turkistanische Stute	81	53	32	40	45	51	43,5
Renz'scher Pony (vorn?)	73	49	30	41	43	47	46
„ „ (hinten?)	76	49	31,5	41	—	—	—
Spandauer Bronzefund	68	45,5	29	36,5	—	—	—
Equus hemionus ♀ rec. (vorn?)	77	41	26	34	42	43	41
„ „ „ (hinten?)	84	42	27	38	41	40	35
„ „ foss. von Gera	72	40	24,3	30,5	—	—	—
„ „ „ „ Westeregeln . .	72	40	26	32	38	38	32
„ „ „ „ Quedlinburg . .	85(?)	45	28	40	—	—	—
„ asinus ♀ von Halle (vorn?)	57	38	22	29,5	32	34	27,5
„ „ „ „ „ (hinten?) . . .	62	36	23	32	—	—	—

Sehr deutlich unterscheiden sich die Vorderhufe von den hinteren; letztere sind viel schmaler und spitzer im Umrisse ihrer Basis, ihre Vorderseite steigt steiler an, als bei jenen. Die ausgewachsenen Vorderhufe zeigen durchweg in der Mitte des Vorderrandes einen flachen Ausschnitt. (Vgl. Taf. IX, Fig. 13.) — In der Form der Hufbeine unseres Diluvialpferdes gegenüber denen der heutigen mittelschweren Rassen des Hauspferdes habe ich keine charakteristischen Unterschiede herausfinden können; ebenso wenig in der Form der zu ihnen gehörigen Strahlbeine, von denen mir 4 unversehrte Exemplare vorliegen.

Ueber die Grössenverhältnisse giebt die nachstehende Tabelle Auskunft. Ich theile nur wenige Messungen mit, weil die Dimensionen der ausgewachsenen Hufbeine unseres Diluvialpferdes nur wenig differiren.

(Hier folgt Tabelle auf Seite 141.)

Hiermit wäre die Besprechung und Vergleichung der einzelnen Skelettheile beendigt. Vielleicht ist manchem Leser bei dem Anblicke der vielen Tabellen und der zahlreichen, in denselben mitgetheilten Messungen der Gedanke aufgestiegen, dass ich in dieser Beziehung des Guten etwas zu viel gethan hätte. Ich bin allerdings der Meinung, dass sich meine Arbeit viel angenehmer und bequemer lesen liesse, wenn ich auf die vielen Messungen verzichtet hätte; letzteres würde auch für mich sehr viel bequemer gewesen sein.

---

1) Das eigentliche Gelenk an der Hinterseite, also an der breitesten Stelle, gemessen.

Dimensionen der Hufbeine	Vorderhuf:				Hinterhuf:			
	Grösste Breite	Länge der Vorderseite vom Kronfortsatz	Senkrechte Höhe bis zum Kronfortsatz	Breite der Gelenkfläche	Grösste Breite	Länge der Vorderseite	Senkrechte Höhe	Breite der Gelenkfläche
Diluvialpferd von Westeregeln .	90	56	46	54	85	58	43	50,5
„ „ Remagen . . .	—	—	—	—	85	—	42	—
„ „ Steeten . . .	92	—	48	—	77	47	42	51
„ Gerolstein . .	85	—	45	—	—	—	—	—
Holländischer Harttraber . . .	91	60	48	58	91	64	51	56
Hengst (Nr. 1181)	91	60	45,5	57	88	65	50	54
Arabische Stute	80	52	42	51	77	58	45	48
Turkistanische Stute	66	52	43	47	63	53	42	45
Renz'scher Pony	75	49	38	44	70	51	38	41
Equus hemionus (Tibet)	63	50	40	38	59	52	40,5	38
Esel ♀ (Halle)	40	31	26	28	36	31,5	27	27

Aber mit allgemeinen Bemerkungen und Vergleichungen, ohne Mittheilung bestimmter Maassangaben, ist wenig genützt. Wir haben in der Literatur schon so viele allgemeine Schilderungen des Diluvialpferdes, dass es keinen rechten Zweck gehabt hätte, dieselben noch durch eine fernere zu vermehren[1]) Jeder, der ähnliche Messungen wie die vorliegenden durchgeführt hat, weiss, dass eine ziemliche Portion von Sorgfalt und Ausdauer dazu gehört. Aber sie sind unumgänglich nothwendig, wenn man zu bestimmten Resultaten kommen will. Exakte Messungen haben dauernden Werth, während allgemeine Betrachtungen oder auch blosse Proportionsangaben, ohne gleichzeitige Mittheilung absoluter Zahlen, einen solchen Werth nicht beanspruchen können, da sie nicht kontrollirbar sind.

Die von mir mitgetheilten Skelettmessungen, welche sich auf recente Pferde beziehen, werden, hoffe ich, auch den Hippologen willkommen sein. Es existiren bisher in der Literatur so wenige exakte Messungen der Skelettheile bestimmter, nach Rasse und Geschlecht bekannter Individuen, dass in dieser Hinsicht jeder Beitrag erwünscht sein muss. Es ist ja schon oft genug von namhaften Hippologen auf die Nothwendigkeit solcher Messungen hingewiesen worden[2]); aber es fehlt meistens an geeignetem Material dazu. Um so günstiger ist es, das unsere Sammlung ein zuverlässiges und verhältnissmässig reiches Material darbietet.

---

1) So hat Toussaint die Skelettverhältnisse des Pferdes von Solutré sehr nett geschildert, aber ohne alle bestimmten Maassangaben. Recueil de Médécine vétérinaire, a. a. O.

2) Vergl. Wilh. v. Nathusius, in Vortr. üb. Viehzucht u. Rassenkenntniss, III, p. 349. Adam, Vortr. üb. Pferdekunde, Stuttg. 1882, p. 154 ff.

Einige Bemerkungen über die Proportionen der Skelettheile bei den fossilen und recenten Pferden.

Nachdem ich die Dimensionen der einzelnen Skelettheile in den vorhergehenden Tabellen ausführlich angegeben habe, wird es sich empfehlen, einige zusammenfassende Bemerkungen über die Proportionen der einzelnen Skelettheile zu einander hinzuzufügen, um dem Leser eine bequemere Uebersicht über die Hauptergebnisse meiner Messungen zu gewähren.

Ich bemerke von vorn herein, dass es mir gänzlich fern liegt, mich hier auf die sog. Proportionslehre einzulassen, wie sie von Bourgelat und Anderen aufgestellt und in einer den thierischen Formen vielfach Zwang anthuenden. gekünstelten Weise durchgeführt ist [1]).

Ich werde mich lediglich darauf beschränken, die Proportionen, welche sich aus meinen obigen Messungen thatsächlich ergeben, ganz kurz zusammenzustellen. Ich sehe dabei von der Breite und Dicke der Extremitätenknochen ab; ich halte mich wesentlich an die Längenverhältnisse.

Der bequemeren Uebersicht wegen stelle ich die Hauptdimensionen des Schädels und die Längen der von Gelenk zu Gelenk gemessenen, wichtigsten Extremitätenknochen in nachstehender Tabelle zusammen. Leider kann ich die Widerristhöhe der durch die zerlegten Skelette unserer Sammlung repräsentirten Pferde nicht mit Sicherheit angeben. Ich weiss nur, dass die arabische Schimmelstute eine Widerristhöhe von ca. 1,48 (Gulgenmaass) gehabt hat. Doch lässt sich die Höhe der übrigen Pferde nach dem Schädel und den Extremitätenknochen, resp. nach Maassgabe der für die betreffenden Rassen erfahrungsmässig constatirten Grösse [2]) mit einiger Sicherheit taxiren.

(Hier folgt Tabelle auf Seite 143.)

Nach den Beobachtungen der Hippologen beträgt die Länge des Kopfes etwa $\frac{1}{4}$ bis $\frac{2}{5}$ der Widerristhöhe. und zwar findet sich ersteres Verhältniss gewöhnlich bei den arabischen Pferden, letzteres bei den schweren (gemeinen) Pferden. Wenn ein Kopf länger ist, als $\frac{2}{5}$ der Widerristhöhe, so gilt er als zu lang.

Wenn wir statt der „Kopflänge" des lebenden Pferdes den Schädel in Betracht ziehen, so finden wir, dass die sogenannte „Scheitellänge" im Ganzen der „Kopflänge" entspricht; da ich dieselbe jedoch ohne Schneidezähne gemessen habe, und ausserdem am lebenden Pferde die Lippen noch dazu kommen, so ist die „Scheitellänge" natürlich etwas kürzer als die „Kopflänge". Dennoch können wir sie im Allgemeinen für die letztere an die Stelle setzen, zumal da am lebenden Pferde vielleicht der Occipitalkamm bei der Messung der Kopflänge nicht immer voll zur Geltung kommt.

Bei unserer alten arabischen Schimmelstute ist der Schädel länger, als er bei einem Araber eigentlich sein sollte; das kommt hauptsächlich von dem langgestreckten Schnauzentheile [3]). Bei ihr bildet schon die Basilarlänge

---

1) Vergl Morris, Exterieur des Pferdes, übers. v. Graefe. Berlin, 1860, p. 3 ff. Adam, Vorträge über Pferdekunde, p. 167 ff.

2) Vergl. Adam, a. a. O. p. 234. Wilckens, Naturgesch. der Hausthiere, p. 72 ff. Müller und Schwarznecker, Die Pferdezucht, II, p. 28 ff.

3) Bei sehr alten Pferden finden wir regelmässig einen langgestreckten Schnauzentheil.

Einige Haupt-Dimensionen der oben besprochenen Equiden	Schädel-Maasse			Humerus von Gelenk zu Gelenk	Radius mittlere Länge	Metacarpus Aussenlänge	Femur von Gelenk zu Gelenk	Tibia Aussenlänge	Metatarsus Aussenlänge
	Basilar-Länge	Scheitel-Länge	Stirn-Breite						
Diluvialpferd von Westeregeln	?	?	?	291	337 — 360	217 — 225	?	ca. 350	252 — 278
. . Remagen	528	562	212?	290?	ca. 348	ca. 230	ca. 370	ca. 350	ca. 275
Arabische Stute	500	540	211	292	358	239	377	350	286
Hengst Nr. 1181	525	566	221	335	380	243	426	375	295
Holländischer Harttraber	550	586	214	312	874	247	395	370	294
Turkistan. Stute	458	500	216	260	321	202	346	320	248
Renz'scher Pony ♂	452	500	201	244	292	190	325	289	232
Exmoor-Pony ♀	390	424	175	224	274	175	300	268	213
Esel ♀ von Halle[2])	?	?	?	197	249	162	258	249	196
Esel ♂ von Proskau	370	422	182	200	252	158	263	252	197
Kiang ♀ Tibet	470	525	209	242	312	229	320	314	270
Zebra juv.	410	468	175	222	264	177	290	277	206
Quagga ♀ 8 jähr. nach Branco	?	?	199	?	287	ca. 196	?	ca. 290	ca. 225

1) Die mit ? oder dem Zusatz ca. versehenen Messungen sind nicht absolut genau; sie kommen aber der Wahrheit sehr nahe.
2) Ueber den Schädel dieses Exemplars siehe oben pag. 106.

des Schädels $\frac{1}{3}$ der Widerristhöhe; die Scheitellänge beträgt etwa $\frac{1}{3}$ derselben.

Bei unserer 8jährigen Clydesdale-Stute (Nr. 1260), welche aus Alt-Haldensleben (Heinr. v. Nathusius) stammt, dürfen wir die Widerristhöhe auf 1,61 m annehmen[1]). Die Scheitellänge des Schädels beträgt 623, die Basilarlänge 574 mm; die Scheitellänge ist also etwas weniger als $\frac{2}{5}$ (genauer 0,388), die Basilarlänge etwas mehr als $\frac{1}{3}$ (genauer 0,356) der Widerristhöhe.

Das montirte Skelet unseres alten 28jährigen Lithauers (Wallach Nr. 3351) hat eine Widerristhöhe von 1,22 m; das lebende Thier (mit Hufen etc.) wird also etwa 1,25 Widerristhöhe im Galgenmaass gehabt haben. Der Schädel hat eine Scheitellänge von 494, eine Basilarlänge von 450. Hier ist die Scheitellänge fast genau $\frac{2}{5}$ (0,395), die Basilarlänge $\frac{2}{5}$ (0,36) der Widerristhöhe.

Man wird also im Allgemeinen sagen können, dass die Scheitellänge des Schädels durchschnittlich etwas weniger als $\frac{2}{5}$, die Basilarlänge etwas mehr als $\frac{1}{3}$ der Widerristhöhe beträgt.

Drücken wir es umgekehrt aus, so können wir sagen, dass die Widerristhöhe (Galgenmaass) im Allgemeinen $2\frac{2}{3}-3\frac{1}{10}$ der Scheitellänge, $2\frac{2}{3}-3\frac{1}{4}$ der Basilarlänge beträgt. Die arabischen Pferde sind natürlich kurzköpfiger, als die schweren occidentalen Pferde.

Am Schädel selbst ergeben sich für das Verhältniss der Basilarlänge, resp. Scheitellänge zur Stirnbreite[2]) durchschnittlich folgende Zahlen:

	a. Scheitellänge	b. Basilarlänge	c. Stirnbreite
Esel	$2\frac{1}{4}-2\frac{3}{5}$	$2-2\frac{1}{10}$	1
Arabische Pferde und Ponies	$2\frac{1}{3}-2\frac{1}{2}$	$2\frac{1}{5}-2\frac{3}{5}$	„
Schwere occidentale Pferde	$2\frac{1}{5}-2\frac{3}{4}$	$2\frac{3}{5}-2\frac{1}{2}$	„
Diluvialpferd von Remagen	$2\frac{2}{3}$	$2\frac{1}{2}$	„

Die Basilarlänge des Schädels verhält sich zur grössten Länge des Metacarpus folgendermaassen:

	Basilarlänge	Metacarpus
Kiang	202	100
Arabische Stute	205	„
Hengst Nr. 1181	208	„
Holländischer Harttraber	213	„
Exmoor-Pony	214	„
Turkistan. Stute	218	„
Diluvialpferd von Remagen	221	„
Renz'scher Pony	226	„
Esel von Proskau	228	„

Danach hat der Kiang den längsten, der Esel von Proskau den kürzesten Metacarpus. Auch das Diluvialpferd von Remagen hat einen verhältnissmässig kurzen Metacarpus, der sich aber von den ihm benachbarten Metacarpi der Ponies und des Esels durch seine Breite sehr wesentlich unterscheidet.

Ueber die Proportionen, welche unter den einzelnen Extremitätenknochen herrschen, habe ich Hunderte von Berechnungen angestellt[3]); ich werde die-

<hr>

1) Vergl. v. Nathusius, Vorträge üb. Viehzucht, III, p. 359.
2) Genaueres siehe oben p. 98 und 106.
3) Vergl. Branco, a. a. O. p. 64 ff.

selben jedoch hier nicht ausführlich mittheilen, sondern dieselben in einer anderen Arbeit, welche unser gesammtes Material umfassen soll, publiziren. Ich begnüge mich hier mit der Angabe der Haupt-Ergebnisse, welche aus meinen Berechnungen hervorgehen.

Bei unseren Hauspferden ist die Tibia, an der Aussenseite gemessen, fast stets gleich der mittleren Länge des Radius. Ebenso scheint es regelmässig bei unserem Diluvialpferde zu sein. Auch bei E. asinus finde ich dasselbe Verhältniss, bei E. hemionus ist die Tibia ein wenig länger, bei E. zebra, so weit sich dieses nach unserem jugendlichen Skelet beurtheilen lässt, ist sie wesentlich länger (277 : 264).

Der Radius ist bei E. caballus ungefähr 1⅓ mal so lang wie der Metacarpus. Besonders lang finde ich den Radius im Verhältniss zum Metacarpus bei unserem Diluvialpferd von Westeregeln und bei dem von Steeten a. d. Lahn; bei diesen ist derselbe mehr als 1⅓ mal so lang, während er bei der Arabischen Stute, dem Holländischen Harttraber, dem Kenz'schen Pony knapp 1⅓ mal so lang ist wie der Metacarpus, wenn wir die grösste Länge des letzteren mit der mittleren Länge des Radius vergleichen. Nehmen wir den an der Aussenseite gemessenen Metacarpus zum Vergleich, so beträgt die Länge des Radius 1⅓—1½ mal so viel. — Bei E. asinus ist das Verhältniss ähnlich, bei E. hemionus dagegen ist der Radius verhältnissmässig kurz; er beträgt etwa nur 1⅓ des Metacarpus. Bei E. quagga und E. zebra finde ich das Verhältniss 141 : 100, resp. 142,7 : 100.

Vergleichen wir die mittlere Länge des Radius mit der vollen Länge des Metatarsus, so beobachten wir bei E. caballus das Verhältniss von 123 bis 128 : 100. Nehmen wir die Aussenlänge des Metatarsus zum Vergleich, so finden wir das Verhältniss von 125—130 : 100. Also im Durchschnitt ist der Radius 1⅓—1³⁄₁₀ mal so lang, wie der Metatarsus. — Bei E. asinus ist es ziemlich ebenso; dagegen zeigt E. hemionus nur das Verhältniss von 113 (resp. 115) : 100.

Der Humerus, von Gelenk zu Gelenk gemessen, ist meistens 1⅓ bis 1⅓ mal so lang wie die volle Länge des Metacarpus. Nehmen wir die Aussenlänge des letzteren zum Vergleich, so ergiebt sich das Verhältniss von 122 (Arab. ♀) bis 129 (Turkistan. ♀ und Diluvialpferd von Westeregeln) zu 100. Nur der Hengst Nr. 1181 geht weit darüber hinaus; er übertrifft alle anderen durch die Länge seines Oberarms (sowie auch seines Oberschenkels). — E. hemionus hat dagegen einen sehr kurzen Oberarm; er verhält sich zum Metacarpus, wie 104 (resp. 105,7) : 100.

Vergleichen wir den von Gelenk zu Gelenk gemessenen Humerus mit der vollen Länge des Metatarsus, so erkennen wir, dass letzterer bei E. caballus gleich lang oder nur wenig kürzer ist. Verglichen mit der Aussenlänge des Metatarsus zeigt der Humerus das Verhältniss von 102—106 : 100. — E. hemionus zeigt das Verhältniss von 89 (resp. 91) : 100, E. zebra von 104 (resp. 108) : 100, also der Kiang hat einen kurzen, das Zebra einen langen Humerus.

Die Tibia ist bei E. caballus in ihrer Aussenlänge = der mittleren Länge des Radius, wie schon oben bemerkt wurde. Nehmen wir die grösste Länge der Tibia, so finden wir sie meistens etwa = der Länge des Femur, vom Caput femoris ab gerechnet. — Vergleichen wir die Aussenlänge der Tibia mit der Aussenlänge des Metatarsus, so ergiebt sich das Verhältniss von 122—129 : 100. Bei E. hemionus ist die Tibia gegenüber dem Metatarsus relativ kurz; sie zeigt das Verhältniss 116 : 100, während sie bei Zebra und Quagga relativ lang ist.

Vergleichen wir das Femur, vom Caput aus gemessen, mit der Aussenlänge des Metatarsus, so ergiebt sich das Verhältniss von 132—140 : 100. Aehnlich bei E. zebra (140 : 100) und E. asinus (131,6—133,5 : 100); dagegen bei E. hemionus nur 118,5 : 100. — Das Femur mit dem Humerus verglichen zeigt bei E. caballus das Verhältniss von 127—132 : 100.

Die Aussenlänge des Metatarsus verhält sich zu der des Metacarpus ungefähr wie 120 : 100, beträgt also etwa $1\frac{1}{5}$ des letzteren. Bei E. quagga und E. zebra ist er etwa nur $1\frac{1}{8}$ mal so lang. —

Unser Diluvialpferd verhält sich in allen den oben genannten Proportionen, soweit sich dieselben mit einiger Sicherheit feststellen lassen, wie ein echtes Pferd (E. caballus). Es zeichnet sich durch einen kurzen Metacarpus und Metatarsus, durch einen langen Radius und Humerus aus, was ja die Hippologen von einem tüchtigen Gebrauchspferde verlangen. Dabei leistet es an Breite und Stärke der Extremitätenknochen so viel, als nur irgend gewünscht werden kann. Es ist ein „Equus robustus" im vollen Sinne des Wortes; es steht weit entfernt vom Typus des arabisches Pferdes.

Fassen wir die Hauptresultate für die Extremitätenknochen von E. caballus nochmals tabellarisch zusammen, so ergiebt sich Folgendes:

Humerus (vom Caput ab gemessen) = Metatarsus (grösste Länge).

    „   „   „   = $1\frac{1}{4}$—$1\frac{3}{10}$ Metacarpus (Aussenlänge).

Radius (mittl. Länge) = Tibia (Aussenlänge).

    „   „   = $1\frac{1}{4}$—$1\frac{3}{4}$ Metacarpus (Aussenlänge).

    „   „   = $1\frac{1}{4}$—$1\frac{3}{10}$ Metatarsus (Aussenlänge).

Femur (vom Caput ab) = $1\frac{3}{10}$ Humerus (vom Caput ab).

    „   „   = $1\frac{1}{3}$—$1\frac{4}{5}$ Metatarsus (Aussenlänge).

    „   „   = Tibia (grösste Länge).

Tibia (Aussenlänge) = $1\frac{1}{4}$—$1\frac{3}{10}$ Metatarsus (Aussenlänge).

Metatarsus (Aussenlänge) = $1\frac{1}{5}$ Metacarpus (Aussenlänge).

Die Grösse und das Aeussere unseres Diluvialpferdes.

Hätte ich ein vollständiges Skelett unseres Diluvialpferdes unter Händen so könnte ich dasselbe zusammensetzen und die Grösse direkt messen. Unter den vorliegenden Umständen geht dieses jedoch nicht; wir müssen also versuchen, seine Grösse durch Berechnung aus den Dimensionen der vorliegenden Skelettheile annähernd zu berechnen.

Wie wir oben gesehen haben, beträgt die Widerristhöhe bei schweren Pferden gewöhnlich $2\frac{1}{4}$ mal so viel als die Länge des Kopfes. Setzen wir für Kopflänge die „Scheitellänge" des Schädels und geben etwas zu (wegen der Schneidezähne und Lippen, vergl. oben S. 142), nehmen wir also etwa $2\frac{1}{4}$—$2\frac{1}{2}$ der Scheitellänge an, so würden wir für das Diluvialpferd von Remagen eine Widerristhöhe von 1,51—1,55 m erhalten, was eher zu wenig als zu viel ist, da bei der Widerristhöhe lebender Pferde noch die Dicke der Hufbasis, sowie die Dicke der Haut und die Behaarung am Widerrist mit gemessen werden.

Für das Diluvialpferd von Westeregeln können wir den Schädel leider nicht zur Berechnung der Widerristhöhe benutzen. Hier müssen wir uns in anderer Weise helfen.

Bei den schweren Pferden verhält sich die Höhe des Ellenbogenhöckers vom Erdboden zu der Widerristhöhe (Galgenmaass) etwa wie 38 : 68 [1]). Ich habe nun aus den zusammengehörigen Knochen eines bestimmten Individuums des Diluvialpferdes von Westeregeln ein Vorderbein bis zum Ellenbogenhöcker aufgebaut und dabei eine senkrechte Höhe von 850 *mm* konstatirt. Unter Zugrundelegung des oben angegebenen Verhältnisses erhalten wir hieraus für das Diluvialpferd von Westeregeln eine Widerristhöhe von 1,52. Rechnen wir für die Basis der Hufkapsel, für die Haut auf dem Widerrist etc. beim lebenden Thiere noch 3 *cm* hinzu, so erhalten wir auch für das Diluvialpferd von Westeregeln eine Widerristhöhe von 1,55 *m*, was also mit dem von Remagen gut übereinstimmen würde.

Danach hat unser Diluvialpferd eine Widerristhöhe gehabt, welche etwa die Mitte hält zwischen derjenigen unserer grössten und kleinsten Rassen. Es war also ein mittelgrosses, untersetztes, dickknochiges Pferd, welches vollständig die Statur unserer schweren Pferde geringerer Grösse gehabt haben dürfte, jener sogenannten gemeinen Pferde, welche bei uns jetzt immer mehr verdrängt werden. Nach seiner Schädelform steht es speziell unserem germanischen Pferde nahe, und ich bezeichne es deshalb als E. caball. foss. Varietas germanica sive robusta. Eine solche Rasse-Bezeichnung ist um so mehr motivirt, als seine Statur offenbar von derjenigen des französischen Diluvialpferdes, wie wir es von Solutré kennen, abweicht, ebenso wie von der Statur der Diluvialpferde von Schussenried und Nussdorf. Das Pferd von Solutré war durchschnittlich kleiner und zierlicher [2]) als unser nord- und mitteldeutsches Diluvialpferd. Dasselbe ist von dem Pferde von Schussenried zu sagen, für welches Fraas eine Widerristhöhe von nur 1,31 *m* berechnet hat [3]), was allerdings etwas knapp gerechnet ist. Ausserdem unterscheidet sich dasselbe durch den eselartigen Typus (breite Stirn etc.) sehr wesentlich von unserem Diluvialpferde. Vergl. oben p. 104. — Das Pferd von Nussdorf bei Wien ist dagegen grösser gewesen, als das unsrige [4]). Es scheint in einem ähnlichen Grössenverhältnisse zu letzterem gestanden zu haben, wie die heutigen Pinzgauer Pferde zu unseren „gemeinen" norddeutschen Pferden stehen. —

Ueber das Aeussere unseres Diluvialpferdes, d. h. über seine Behaarung, Färbung, Ohrenlänge etc., lassen sich nur Vermuthungen aufstellen. Doch lässt sich annehmen, dass die Behaarung, zumal im Winter, eine verhältnissmässig dichte und lange gewesen ist, da unser Diluvialpferd unter rauhen klimatischen Verhältnissen leben musste, wie wir aus der gleichzeitigen Thierwelt mit Sicherheit schliessen dürfen. Wir sind übrigens hinsichtlich der

---

1) Vergl. Settegast, Thierzucht, p. 275.

2) Auch das Pferd aus der Höhle von Thayingen war nach Rütimeyer's Beschreibung („Weitere Beiträge", p. 80) wesentlich zierlicher gebaut, als unser norddeutsches Diluvialpferd.

3) Arch. f. Anthrop. 1872, p. 192.

4) Woldrich, a. a. O. p. 24. Woldrich hält das Nussdorfer Pferd allerdings für ein kleines Pferd, da er es mit einem sehr grossen Pinzgauer verglichen hat. Ich muss es für ein verhältnissmässig grosses Pferd ansehen, welches die gewöhnliche Grösse wilder Pferde überschreitet. Kein wildes Pferd erreicht eine extreme Grösse.

Annahme einer langen Behaarung für das Diluvialpferd nicht auf blosse Vermuthung angewiesen, sondern es existiren mehrere sehr charakteristische Darstellungen desselben, welche von den gleichzeitig lebenden sogenannten Höhlenmenschen herrühren. Solche Darstellungen hat man theils in französischen Höhlen, theils in der berühmten Höhle von Thayingen bei Schaffhausen gefunden [1]. Diese bildlichen Darstellungen zeigen uns das Diluvialpferd der betreffenden Gegenden lang behaart, zumal am Kinn und an der Kehle; die Mähne steht aufrecht, der Schwanz erscheint verhältnissmässig lang und nicht sehr stark behaart.

Uebrigens darf man in der langen Behaarung, welche unser gemeines Pferd an den „Köthen" trägt, sehr wohl ein Erbtheil vom Diluvialpferde erkennen. — Die Ohren erscheinen auf den Pferdebildern von Thayingen verhältnissmässig kurz. Der Leib ist schwer und gedrungen; die Beine sind, entsprechend den in der Thayinger Höhle gefundenen Beinknochen, zierlicher, als sie bei unserem Diluvialpferd von Westeregeln gewesen sein müssen.

Einiges aus der Geschichte unseres Diluvialpferdes.

Obgleich es sehr interessant wäre, dem Zusammenhange unseres Diluvialpferdes mit den Equiden der jüngeren und mittleren Tertiärzeit nachzuforschen, sowie auch Vergleiche mit anderen diluvialen Equus-Arten wie E. Stenonis Cocchi, E. quaggoides F. Major, E. Andium (A. Wagner) Branco anzustellen, so muss ich mir dieses doch hier versagen. Ich begnüge mich vielmehr damit, zum Schluss meine Ansichten über das Verhältniss unseres Diluvialpferdes zu den heutigen domesticirten und wilden Equiden kurz zusammenzustellen [2].

Das Diluvialpferd unserer Gegenden war, ebenso wie dasjenige der benachbarten Länder Europa's, ein ungezähmtes, wildes Thier [3], welches heerdenweise umherschweifte und sich besonders zahlreich in der Umgebung des Harzgebirges aufgehalten zu haben scheint. Die Umgebung des Harzes besass während eines bestimmten längeren Abschnittes der Diluvialzeit eine steppenartige Vegetation nebst einem entsprechenden Klima [4]. Der Wald war durch die Eiszeit (resp. durch die erste grosse Eiszeit, wenn wir zwei Eiszeiten statuiren), stark reduzirt worden; Gräser, Kräuter und Gesträpp bildeten die vorherrschende Pflanzendecke. Auf diesen steppenartigen Distrikten hausten wilde Pferde in zahlreichen Heerden, zugleich mit Sandspringern (Alactaga), Steppenzieseln, Bobacs, Zwergpfeifhasen, zahlreichen Wühlmäusen und anderen charakteristischen Bewohnern der heutigen Steppendistrikte jenseits der Wolga.

---

1) Vergl. Rütimeyer, Arch. f. Anthrop., Bd. 8, p. 125. Weitere Beiträge z. Kenntniss d. quat. Pferde, 1875, p. 28 ff.

2) Vergl. die ausgezeichnete Abhandlung Ecker's über „das europäische Wildpferd und dessen Beziehungen zum domesticirten Pferd" im „Globus" 1878, Bd. 34, No. 1, 2, 3.

3) Toussaint hält das Diluvialpferd von Solutré für domesticirt, was schwerlich richtig ist.

4) Ich verweise hier auf meine Publikationen über diesen Punkt. Vergl. Arch. f. Anthrop. Bd. XI, 1878, p. 14 ff. „Gaea", 1877, p. 218. „Ausland", 1880, No. 26 etc. etc. Es ist zwar meine Annahme ehemaliger Steppendistricte für die Postglacialzeit Mitteleuropa's von manchen Autoren bekämpft, ich bin aber durch meine fortgesetzten Untersuchungen immer mehr von der Richtigkeit meiner Annahme überzeugt worden. Vergl. auch „Kosmos", 1883, p. 183 ff.

Ihre Existenz wurde hie und da beunruhigt durch einen vereinzelten Löwen, sowie auch durch Wölfe, während die Hyänen, deren Reste bei Westeregeln nicht selten sind, vermuthlich nur an den Kadavern sich vergriffen, dagegen wohl kaum direkte Angriffe auf die lebenden Pferde gewagt haben.

Der schlimmste Feind des Diluvialpferdes war der Mensch. Wir wissen durch zahlreiche Untersuchungen, dass die damaligen menschlichen Insassen Mittel- und Westeuropa's sich ganz wesentlich von der Pferdejagd genährt und die Knochen und Zähne (sehr wahrscheinlich auch die Häute, Haare, Sehnen) der Pferde zu allen möglichen Gebrauchsgegenständen verwerthet haben. Letzteres konnte natürlich wesentlich nur da geschehen, wo die Menschen feste Wohnplätze in Felshöhlen, Grotten etc. hatten, wo sie dauernd mit Weib und Kind hausten. Anders war es auf flüchtigen Jagdzügen, die sie in der guten Jahreszeit auf weitere Entfernungen unternahmen. Da konnten nicht alle einzelnen Theile der erlegten Thiere so vollständig ausgenutzt werden, wie in den festen Ansiedelungen. Man schwelgte für kurze Zeit im Ueberfluss; man benutzte das Fleisch, man zerschlug die Schädel des Gehirns wegen, hie und da auch einen Markknochen, aber im Allgemeinen liess man die Knochen bei solchen flüchtigen Jagdexpeditionen unzerschlagen.

So war es nach meinen Beobachtungen bei Thiede und Westeregeln. Hier haben wir es nicht mit den Spuren fester Wohnplätze zu thun, sondern mit den Resten flüchtiger Jägermahlzeiten, wie ich das früher schon betont habe[1]). Dass der diluviale Mensch hie und da die Gypsfelsen von Thiede und Westeregeln besuchte, habe ich aus den im dortigen Diluvium neben Pferde- und sonstigen Thierresten vorkommenden Holzkohlen und Feuersteininstrumenten (Messern, Schabern, Pfeilspitzen) bewiesen; andererseits deutet aber Alles darauf hin, dass er damals sich nur vorübergehend dort aufhielt. Darum sind die Pferdeknochen von Thiede und Westeregeln durchweg besser erhalten, als die Pferdeknochen der süddeutschen oder französischen Höhlen.

Das Diluvialpferd war also lange Zeit hindurch lediglich ein Gegenstand der Jagd. Hie und da wurden aber auch in der Diluvialzeit schon Anfänge in der Zähmung desselben gemacht. Das ist meine feste Ueberzeugung! Meistens wird der Ursprung unserer Hausthiere viel zu theoretisch erörtert und dargestellt. Man findet in den betreffenden Schriften häufig die Auffassung, als ob der Hund oder das Pferd oder das Rind etc. zu einer bestimmten Zeit gezähmt und zu Hausthieren gemacht seien. Man stellt die Sache meist so dar, als ob „der Mensch" zu einer gewissen Zeit dahinter gekommen sei, dass er Hausthiere nöthig habe; dass er sich deshalb zunächst den Hund, dann das Pferd etc. unterthan gemacht habe. Es setzt dieses nach meiner Ansicht viel zu viel Ueberlegung voraus; man nimmt a priori an, dass der Mensch schon im Voraus die Vortheile erkannt hätte, welche ihm aus der Zähmung gewisser Thiere im Laufe der Zeiten faktisch erwachsen sind.

Wie kommt man überhaupt dazu, Thiere aufzuziehen und abzurichten? Wer, wie ich, zahlreiche Thiere aufgezogen und gezähmt hat, der wird die richtige, natürliche Antwort darauf geben. Es geschieht meistens ohne jede Rücksicht auf einen bestimmten, später zu erlangenden Vortheil; es geschieht meistens nur zur Unterhaltung für sich und die Kinder, oder auch wohl aus

____

1) Arch. f. Anthrop., Bd. XI, 1878, p. 7.

Mitleid für die Jungen eines getödteten Mutterthieres. Man findet im Walde ein Nest mit jungen Krähen oder Drosseln; die Thierchen sperren schreiend die Schnäbel auf, in der Erwartung, dass die Mutter Nahrung bringt. Man nimmt sie mit und zieht sie auf, zumal wenn man weiss, dass die Eltern derselben etwa getödtet sind. Man findet im Walde ein hülfloses, verlassenes Reh- oder Hirschkalb; halb aus Mitleid, halb aus Neugier nimmt man es mit und zieht es ohne grosse Mühe auf, als Spielgenossen für sich selbst oder für die Kinder.

Wer freilich mitten in dem Häusermeer einer Grossstadt lebt und seine Existenz an eine enge Miethswohnung binden muss, hat keine Gelegenheit oder Veranlassung, Thiere aufzuziehen und als Hausgenossen zu halten. Anders ist es in kleineren Städten, in Dörfern, in einzelliegenden Gehöften. Da sieht man noch heutzutage häufig genug zahme Füchse, Rehe, Eichhörnchen, Raben, Dohlen, Elstern etc., welche von ihren Besitzern zur Unterhaltung aufgezogen sind und ohne einen praktischen Zweck unterhalten werden.

Wir wissen durch die Berichte der Reisenden, dass viele Neger Afrika's, sowie auch manche Indianerstämme Amerika's eine besondere Liebhaberei für das Aufziehen junger Thiere haben, ja, dass die Negerfrauen nicht selten junge, noch im Säuglingsalter befindliche Thiere an die eigene Brust nehmen.

Man versetze sich zurück in die Diluvialzeit, in welcher die menschlichen Bewohner unserer Gegenden das primitive Dasein höhlenbewohnender Jäger führten. Wie oft mochte es damals geschehen, dass der Jäger eine Mutterstute erlegte und das hülflose Füllen neben der Leiche vorfand! Er brachte es mit leichter Mühe in seine Gewalt. Nicht immer wird er es erbarmungslos getödtet haben. Mitleid und Neugier veranlassten ihn, es mit nach Haus zu nehmen, als Spielgenossen der Kinder und zur eigenen Unterhaltung. Die Ernährung eines solchen Thieres konnte damals keine Schwierigkeit bereiten; tödten konnte man es ja immer noch. Man legte dem Füllen ein schnell gedrehtes Seil (aus Binsen, Weidenruthen u. dergl.) um den Hals und führte es mit nach Haus, um zu sehen, was daraus werden würde. Das junge Thier gewöhnte sich bald an den Umgang mit Menschen, zumal man seine Lebensweise wenig änderte; es wurde bald der Spielkamerade und Liebling der Kinder[1]). Letztere setzten sich ihm auf den Rücken, gerade wie sie sich auf den Rücken des älteren Bruders oder des Vaters zu setzen pflegten. Man erkannte, dass der Rücken des Füllens hierzu noch besser geeignet sei; man fand Vergnügen daran, sich von ihm umhertragen zu lassen, man lernte es zu lenken, kurz, man erzog sich das junge Wildpferd zum Reit- und Lastthier.

Ein einziger derartiger Versuch, welcher günstig ausfiel, wirkte als Beispiel; man zog öfter junge Pferde auf. Die Nachbarn machten es ebenso. Später lernte man allmählich, auch ältere, stärkere Pferde einzufangen und zu bändigen, nachdem man die nöthige Erfahrung und Geschicklichkeit an den jung aufgezogenen gewonnen hatte.

Mancher Leser hält Obiges vielleicht für ein reines Phantasiegebilde. Das ist es nicht! Ich bin fest davon überzeugt, dass der Mensch auf diese Weise allmählich in den Besitz der sogenannten Hausthiere gekommen ist, nicht nur des Pferdes, sondern auch des Hundes, des Rindes, Schweines etc. Es geschah

---

1) Ueber die leichte Zähmbarkeit junger Quagga's vergleiche die interessanten Mittheilungen David Low's in dessen Prachtwerk über die Domestic Animals of the British Islands, London, 1842, I, The Horse, p. V.

das zunächst fast spielend, ohne dass man von vornherein ein bestimmtes Ziel dabei im Auge hatte. Man kannte ja vorher garnicht den Nutzen, den die Zähmung gewisser Thiere mit sich bringen konnte. Erst nachträglich und ganz allmählich zeigten sich die Vortheile, die man daraus zu ziehen vermochte.

Dass ein Theil unserer Hauspferde aus der Zähmung der diluvialen Pferde Europa's hervorgegangen ist, steht für mich schon längst fest. Ich freue mich, hierin mit Sanson, Piétrement, Woldrich übereinzustimmen. Die meisten Autoren halten freilich immer noch an der althergebrachten Ansicht fest, dass alle unsere Hauspferde aus Asien stammen [1]); ja, manche leugnen überhaupt den Zusammenhang zwischen unseren Hauspferden und den fossilen Formen von E. caballus. Nun, wenn Jemand gegen alle Beweise, welche die neuere Naturforschung auf diesem Gebiete liefert, die Augen verschliesst, wenn er auch die genaueste Uebereinstimmung im Gebiss, Schädel und sonstigen Skelett als Beweis der direkten Verwandtschaft nicht gelten lassen will, so ist es überhaupt unmöglich, mit ihm wissenschaftlich zu debattiren, und ich würde mich vergeblich bemühen, noch weitere Gründe für meine Ansicht in's Feld zu führen.

Für Jeden, der wissenschaftlichen Beweisen zugänglich ist, werden hoffentlich meine eingehenden Vergleichungen hinreichen, um ihm die Ueberzeugung zu verschaffen, dass ein wesentlicher Theil unserer sogenannten schweren (gemeinen) Pferde direkt von unserem schweren, dickknochigen Diluvialpferde abzuleiten ist. Wir finden, wie ich oben nachgewiesen habe, in unseren Diluvialablagerungen die Reste eines schweren Pferdes, dessen Gebiss, Schädelform und Extremitätenknochen in allen wesentlichen Punkten mit den heutigen schweren Rassen unserer Gegenden übereinstimmen; wir finden Reste dieses schweren Pferdes auch in den alluvialen Ablagerungen und können somit die Kontinuität seiner Existenz in unseren Gegenden seit der Diluvialzeit nachweisen [2]). Dagegen hat Asien meines Wissens noch keine Fossilreste von schweren Pferden geliefert, und es hiesse jedenfalls den Thatsachen Gewalt anthun, wenn man trotz dieser Feststellungen unser schweres Pferd aus Asien ableiten wollte.

Wann die Domestikation des Diluvialpferdes durchgeführt worden ist, lässt sich schwerlich mit Sicherheit nachweisen, weil diese Domestikation ganz allmählig geschehen ist. Man wird dafür niemals einen bestimmten Zeitpunkt feststellen können, wenigstens nicht für ein grösseres Gebiet von Europa. Man kann möglicherweise in Frankreich schon längst Pferde gezähmt haben, während in Norddeutschland noch kein Mensch daran dachte und das Pferd lediglich Gegenstand der Jagd war. So wie der eine Mensch mehr Talent und Neigung zum Aufziehen und Zähmen von Thieren hat, als der andere, so ist es auch mit ganzen Völkern. Manche Völker haben verhältnissmässig viele Thiere unter ihre Herrschaft gebracht, andere nur wenige oder gar keine. Noch heute stehen die einzelnen Völker der Erde den Hausthieren und ihrer Zucht sehr verschieden gegenüber.

Die Zähmung der Hausthiere ist weder in einer bestimmten Gegend geschehen, noch von einem bestimmten Volke ausgegangen, sondern es haben

---

1) Vergl. Hehn, Kulturpflanzen und Hausthiere etc. 3. Aufl. p. 54.

2) Unsere Sammlung enthält Belagstücke dafür. Vergl. auch meine Mittheilungen in den Sitzgsber. d. Ges. naturf. Freunde zu Berlin, 1883, p. 55 f. Ich habe noch kürzlich Reste eines schweren Pferdes aus einem norddeutschen Torfmoore erhalten.

verschiedene Völker in verschiedenen Ländern der Erde zu verschiedenen Zeiten mehr oder weniger erfolgreiche Versuche in der Zähmung gewisser Thierarten gemacht. Diejenigen Thierarten, deren Zähmung sich dauernd als vortheilhaft erwies, sind zu Hausthieren geworden; diejenigen, welche sich auf die Dauer als unangenehme oder nutzlose Genossen des menschlichen Haushalts erwiesen, sind nicht zu Hausthieren gemacht. Die Zucht der ersteren fand eben bei Vielen Anklang und Nachahmung; die Zucht der letzteren liess man bald wieder fallen.

Es würde ein Leichtes sein, noch heutzutage die Zahl der Hausthiere zu vermehren, wenn man die nöthige Sorgfalt und Ausdauer darauf verwendete. So z. B. ist es gar nicht schwierig, junge Fischottern zu zähmen und abzurichten; sie werden ebenso zahm, wie ein Hund, und lernen es, Fische aus dem Wasser zu apportiren[1]). Aber es hat sich nur selten Jemand die Mühe gegeben, sie in dieser Weise abzurichten, geschweige denn, Generationen von Fischottern in dem Zustande der Domestikation zu züchten und durch beständigen Verkehr mit ihnen sie vollständig an den menschlichen Haushalt zu gewöhnen. —

Das Pferd ist verhältnissmässig leicht zu zähmen und abzurichten, wenn es jung aufgezogen und richtig behandelt wird. Die Menschen der Vorzeit hatten jedenfalls Muse und Neigung, sich mit der Zähmung von Thieren zu befassen; ihre Art, zu wohnen, und ihre ganze Lebensweise erleichterte den Verkehr mit den zu zähmenden Thieren. Wer ein Thier zähmen und abrichten will, muss möglichst viel mit ihm verkehren.

Ausser in Europa sind jedenfalls auch in Asien Pferde gezähmt worden, wahrscheinlich noch früher als in Europa. Diese asiatischen Hauspferde sind dann später theils mit wandernden Völkern nach Europa gekommen, theils auch durch den Handelsverkehr nach unseren Gegenden importirt worden[2]), und zwar reicht dieses Eindringen asiatischer Hauspferde nach Europa, und speziell nach Mittel- und West-Europa, schon in die praehistorische Zeit zurück.

Ob aber alle die kleinen, breitstirnigen, dünnknochigen Pferde, deren Reste aus zahlreichen Fundstätten der Bronzezeit bekannt geworden sind, schon wegen ihrer breiten Stirn und wegen ihrer zierlichen Glieder zu dem arabischen oder orientalischen Typus gerechnet werden dürfen, wie es Franck, Studer u. A. gethan haben[3]), lasse ich vorläufig noch dahingestellt sein. Wir kennen durch Fraas das kleine Diluvialpferd von Schussenried und wissen, dass es einen kurzen, eselartigen Schädel mit verhältnissmässig breiter Stirn gehabt hat, sowie dass seine Extremitätenknochen zierlich waren. Warum kann dieses kleine, ponyartige Pferd von Schussenried nicht der Vorfahr der ponyartigen Pferde der Bronzezeit sein? Allerdings wäre eine genauere Beschreibung des Schussenrieder Pferdes sehr wünschenswerth, um der Beantwortung dieser Frage näher treten zu können. Vorläufig scheint mir die kurze Beschreibung, welche Fraas davon geliefert hat, eher für als gegen den von mir angedeuteten Zusammenhang zu sprechen.

---

1) Brehm's Thierleben, II, p. 120 ff. Vergl. auch über die Domestication des amerikanischen Nörz (Mink) Coues, Fur-bearing Animals, Washington, 1877, p. 181.

2) Vergl. Ecker, a. a. O., sowie meine Mitth. in d. Sitzgsber. d. Ges. naturf. Fr., 1883, No. 4, p. 61.

3) Vergl. Franck, diese Jahrbücher, 1875, p. 40. Studer, Die Thierwelt d. Pfahlbauten d. Bieler-Sees, Bern 1883, p. 47. Vergl. auch Naumann, Arch. f. Anthrop., 1875, Heft I, p. 12.

Jedenfalls ist es sehr wichtig, dass schon in der Diluvialzeit die Anfänge einer Rassenbildung bei der Spezies E. caballus zu beobachten sind; es gab schon damals mehrere Lokalrassen, welche sich in der Grösse, Schädelform und Stärke der Extremitäten unterschieden. Wir haben die Rasse von Solutré, die von Schussenried, beide klein und zierlich, wir haben eine nord- und mitteldeutsche Rasse, durchweg wesentlich grösser und schwerer, als jene, wir haben die noch grössere Nussdorfer Rasse.

An einem und demselben Fundorte pflegt nur eine Rasse vertreten zu sein, sofern nicht eine Vermischung verschiedener Fundschichten (resp. geologischer Niveaus) stattgefunden hat. Es wird freilich mehrfach über das Vorkommen zweier verschiedener Rassen von E. caballus an demselben Fundorte berichtet. Ich kann dieses nach meinen Beobachtungen nicht bestätigen; ich habe bei Westeregeln, Thiede, Quedlinburg, Gera etc. diejenigen Reste, welche zu ausgewachsenen Individuen von E. caballus gehörten, im Allgemeinen sehr gleichartig gebaut und von sehr gleichmässiger Grösse gefunden. Ich habe mehrfach Gelegenheit gehabt, die von Anderen behauptete Existenz zweier, deutlich gegen einander abgrenzbarer Rassen durch eigene Untersuchung der betr. Reste zu prüfen, und es ergab sich regelmässig, dass die angebliche kleinere Rasse entweder auf jugendlichen Resten, oder auf einer Verwechselung von Metacarpus und Metatarsus beruhte[1]), oder man hatte Reste von E. hemionus zu E. caballus gerechnet, oder endlich die betr. Reste stammten aus verschiedenen Fundschichten.

So z. B. sind die Angaben, welche Herr von Cohausen in seiner sonst sehr lesenswerthen Arbeit über die Höhlenfunde in der „Wildscheuer“ etc.[2]) in Betreff der Equus-Reste gemacht hat, meistens unrichtig; statt Ulna muss es Radius heissen, statt Metatarsus Metacarpus, statt Metacarpus ist einmal Metatarsus zu setzen. Die angeblichen Eselreste halte ich nach eigener Untersuchung für die Reste eines sehr jungen Pferdes; dabei ist ihre Fossilität zweifelhaft.

Ich könnte Dutzende von Beispielen in dieser Hinsicht anführen. Das Schlimme dabei ist, dass ein Autor die Angaben des anderen auf guten Glauben hinnimmt, und es nicht immer möglich ist, die vorgekommenen Irrthümer und Ungenauigkeiten durch eigene Untersuchungen zu kontrolliren.

Uebrigens will ich gern zugeben, dass hier und da einmal ein auffallend kleines oder auffallend grosses Exemplar unter der Masse der übrigen vorkommt. So z. B. hat sich bei Remagen ein sehr kurzer Metatarsus unter der Zahl der übrigen, sehr gleichmässig gebildeten Metatarsi vorgefunden, und umgekehrt kenne ich von Quedlinburg ein Exemplar, welches etwas über die gewöhnliche Grösse hinausgeht. Das sind aber lediglich Ausnahmen, wie sie stets innerhalb einer grösseren Zahl von Thieren beobachtet werden. Hensel unterscheidet bei jeder Raubthierspezies ausser der Normalform eine „Riesen-“ und eine „Zwergform“[3]).

Im Allgemeinen scheinen mir die Rassen des Diluvialpferdes ursprünglich

---

　　1) Vergl. meinen Aufsatz über Fossilreste eines Wildesels etc. in d. Zeitschr. f. Ethnologie, 1879, p. 189. Ich bemerke hier nebenbei, dass Branco a. a. O. p. 108 angiebt, dass ich jene Wildeselreste zu „E. asinus“ gerechnet habe. Das ist nicht richtig.

　　2) Annalen f. Nassauische Alterthumsk., Bd. 15, p. 384. Vergl. auch meine „Uebersicht“ in d. Geolog. Zeitschr. 1880, p. 500.

　　3) Hensel, Craniolog. Studien, p. 5.

Lokalrassen gewesen zu sein. Später, als die Domestikation von Seiten des Menschen begann, als auch klimatische Veränderungen eintraten, hat die Bildung distinkter Rassen Fortschritte gemacht[1]). Sowohl in der Grösse, als auch in der Schädelform und in der Dicke der Röhrenknochen haben sich immer grössere Differenzen herausgebildet. In manchen Gegenden, besonders auf den vom Kontinent Europas abgetrennten Inseln, entwickelten sich kleine Pony-Rassen, ähnlich den kleinen Pferden von Schussenried, aber noch zierlicher als diese. In anderen Distrikten, wo die Verhältnisse für das Gedeihen grosser, schwerer Pferde günstig waren[2]), entwickelten sich die schweren Rassen, für welche ein Ausgangspunkt bereits in dem schweren Diluvialpferde gegeben war.

Dazu kamen dann noch die aus Asien importirten Pferde, und so finden wir an den Fundstätten der neolithischen Periode und der Bronzezeit Pferdereste von sehr mannigfaltiger Grösse und Form, wie ich, wenigstens für Norddeutschland, aus unserer Sammlung beweisen kann.

Die wilden, nicht domestizirten Pferde wurden im Laufe der Zeit immer seltener; man dezimirte ihre Zahl immer mehr und beschränkte ihr Weidegebiet derart, dass sie nur noch in abgelegenen Moor- und Haidedistrikten sich halten konnten. Dennoch reichen die Nachrichten über wilde Pferde[3]) für Deutschland bis in das Mittelalter, ja zum Theil noch bis in die Neuzeit hinein.

Das wilde Pferd, sofern es in seiner Lebensweise unbehindert und unbeschränkt bleibt, ist ein echtes Steppenthier, wie ich schon oft genug betont habe. In der Steppe gedeiht es am besten; hier fühlt es sich am wohlsten. Während der Postglazialzeit gab es ausgedehnte steppenartige Distrikte in Mitteleuropa, und wir finden daher auch zahlreiche Wildpferde in den damals gebildeten Ablagerungen vertreten.

Später, als der Wald sich wieder mehr und mehr über unsere Länder ausbreitete, als das Klima feuchter wurde, als die Zahl der menschlichen Bewohner zunahm, zog sich ein grosser Theil der mitteleuropäischen Wildpferde mit der zurückweichenden Steppenflora und Steppenfauna nach dem Osten zurück[4]). Ihre Nachkommen existiren dort noch heutigen Tages, sei es im wirklich wilden, sei es im halbwilden Zustande.

Es ist viel darüber gestritten worden, ob es in den Steppen Osteuropas und Centralasiens noch heute wirklich wilde Pferde giebt. Gewöhnlich wird der Tarpan dafür angesehen. Doch ist es mit der Tarpanfrage ein eigenthümliches Ding. Ich habe vielfach mit russischen Gelehrten darüber correspondirt, habe auch versucht, mir ein Tarpanskelett zu verschaffen, aber Niemand hat mir sicheren Bescheid über den Tarpan geben können.

Interessant ist ein Brief, welchen mir Herr Prof. Anutschin in Moskau über die Tarpanfrage geschrieben; ich halte ihn für wichtig genug, um ihn hier im Wortlaut folgen zu lassen. Herr Prof. Anutschin schreibt mir also:

„Mit grossem Vergnügen würde ich mich bemühen, Ihnen das Skelett oder wenigstens die Dimensionen eines Tarpans zu verschaffen; aber es liegt nicht in der Möglichkeit für mich, ganz einfach darum, weil gar kein Skelett von

---

1) Vergl. meine Erörterungen im Sitzgsber. d. Ges. naturf. Fr. 1888, p. 60.

2) Nach H. v. Nathusius (Das schwere Arbeitspferd, Berlin, 1882) sind dem Gedeihen des schweren Pferdes theils die Niederungen an der Nordsee, theils die Alpenländer günstig.

3) Vergl. Ecker, a. a. O.

4) „Gaea", 1877, p. 218 ff.

diesem sog. Tarpan existirt, weder in unserem Museum, noch auch, soviel ich weiss, in Petersburg oder sonstwo in Russland."

„Sie wissen wohl, dass die erste wissenschaftliche Kunde über den Tarpan von den gelehrten Reisenden des vorigen Jahrhunderts, von Pallas, Gmelin, Georgi u. A. herrührt. Diese Nachrichten sind aber ziemlich unbestimmt und nicht ohne Widersprüche. Nach Gmelin (Reise 1768 - 1769, I, p. 44) sind die Tarpane klein, haben grosse Köpfe, feurige Augen, kurze, krause Mähne, langen, dichten Pelz (mehr Pelz als Fell!) und ihre Farbe ist grau (alle mäusefarbig), nur die Füsse vom Knie ab schwarz. Nach Rytschkow (Orenburg. Topographie I, 1762, russisch) ist die Farbe der Tarpane lutescens und coerulescens, selten von anderer Farbe. Nach Pallas (Zoographia Rosso-Asiatica I, 260) „plerique sunt colore grisco-fusco vel pallido, juba, loro dorsi caudaque fuscis" etc. In einem anderen Werke (Reise, Bd. III, p. 346) spricht aber Pallas die Meinung aus, dass die Tarpane vielleicht die Nachkommen verwilderter Hauspferde sind. So glaubte auch A. Wagner (Schreber's Säugethiere VI, p. 28), und dieselbe Meinung ist auch von verschiedenen russischen Zoologen ausgesprochen.

„Jedenfalls hat keiner von den Reisenden des vorigen Jahrhunderts uns einen Schädel oder ein Fell von diesem Thiere mitgebracht, und später, in unserem Jahrhundert, sind auch die Nachrichten viel spärlicher geworden."

„Ungefähr vor 25 Jahren hat die hiesige Akklimatisations-Gesellschaft (so habe ich gehört) viel Mühe darauf verwendet, um einen lebenden Tarpan zu bekommen, und sie hat sich endlich auch ein junges, ziemlich wildes Pferd verschafft; aber es lebte nicht lange und seine Reste wurden nach Petersburg an die Akademie der Wissenschaft geschickt, wo die Akademiker (K. E. von Bähr und Brandt) das Thier für ein ganz gewöhnliches, junges Steppenpferd erklärten."

„Von dieser Zeit ab hören alle Nachrichten auf, und man kann jetzt ganz positiv sagen, dass heutzutage nirgends in Russland, wenigstens nirgends in Süd-Russland und den aralo-kaspischen Steppen, irgend ein wildes Pferd existirt. Das Land ist jetzt so bevölkert, die Kommunikationen sind so erleichtert, dass ein solches Thier unmöglich hier irgendwo existiren könnte, ohne dass man von ihm irgend welche Nachricht erhielte. Dass wilde Pferde früher in Süd-Russland lebten, das beweisen einige unserer historischen Urkunden, z. B. aus dem 12. Jahrhundert und auch etwas später; aber im 18. Jahrhundert waren die Tarpane, wenn sie noch existirten, jedenfalls schon stark mit verwilderten Pferden vermischt und als besondere Art oder Rasse schon dem Aussterben nahe. Die französischen und deutschen Zoologen (so Ecker, „Globus", 1878) sprechen noch immer vom Tarpan, als ob er wirklich noch existirte; aber dieses ist doch sehr zweifelhaft."

„Wir kennen nur ein, wie es scheint, wirklich wildes Pferd; es ist dasselbe, welches Przewalski bei dem See Lob-Nor in Mittelasien getroffen hat, oder richtiger: von welchem er durch die Einheimischen gehört hat. Man hat ihm erzählt, dass diese wilden Pferde alle braun sind, schwarze Mähnen und lange, schwarze Schwänze haben; die Thiere sind sehr wild und vorsichtig, leben in Truppen, und die Jagd auf sie ist sehr schwer. Herr Przewalski selbst hat keines dieser wilden Pferde gesehen; aber in „Saissan-Post" hat er von einem Jäger, Herrn Tichonoff, das Fell und den Schädel eines jungen Wildpferdes zum Geschenk erhalten. Dieses Fell wurde in Petersburg ausgestopft und in dem Museum der Akademie aufgestellt; auch der Schädel wird dort konservirt."

„Um Ihnen eine Idee von diesem Thiere zu geben, schicke ich Ihnen ein Exemplar des Artikels von Herrn Poliakoff, einem tüchtigen Reisenden und Konservator bei der Akademie in Petersburg. Der betr. Aufsatz stammt aus den „Mittheilungen d. Geograph. Gesellsch." in St. Petersburg (1881) und ist betitelt: „Das Pferd von Przewalski" (Equus Przewalskii n. sp.) . . . . .

Es ist da auch eine Tabelle mit Dimensionen des Schädels von verschiedenen Equi und Asini, ferner eine kurze Beschreibung des Felles, sowie einige Reflexionen und Schlüsse, welche, nach meiner Meinung, nicht alle zutreffend sind, besonders da, wie Sie sehen werden, der Schädel einem jungen Thiere angehört und nur vier Molaren hat."

„Das Thier ist wirklich ein Pferd (s. str.), aber es hat auch etwas von dem Habitus des Wild-Esels an sich (z. B. in der Farbe, der Mähne, dem Schweife etc.). Die Lithographie ist, nach Herrn Poliakoff, nicht ganz gelungen; das Fell müsste ein Wenig mehr wellig sein, die Mähne dürfte nicht mehr als die Ohren nach vorn kommen."

Ich glaube, dass der Inhalt des obigen Briefes einen Jeden interessiren wird, der überhaupt Interesse für die Geschichte des Hauspferdes hat. Es ist sehr wohl möglich, dass Equus Przewalskii die letzte noch übrige Form des wirklich wilden Pferdes repräsentirt, und es wäre sehr wichtig, wenn es gelänge, Schädel, Skelette und Felle von erwachsenen Exemplaren für die Wissenschaft zu akquiriren, ehe auch dieses Wildpferd dem Untergange anheimfällt. Dann würde man auch beurtheilen können, ob dasselbe mit unserem Diluvialpferde nahe verwandt ist, was nach der Poliakoff'schen Publikation noch nicht mit Sicherheit festgestellt werden kann.

Indem ich dieses der Zukunft überlasse, fasse ich zum Schluss noch einmal die Hauptresultate meiner Untersuchungen in folgenden Sätzen zusammen:

1. Unser schweres, gemeines Pferd ist aus dem schweren, von mir nachgewiesenen Diluvialpferde Mitteleuropa's hervorgegangen.

2. Die kleineren, zierlichen Rassen des Hauspferdes stammen theils aus Asien, theils aber auch wohl von den kleineren Rassen des Diluvialpferdes, wie eine solche z. B. bei Schussenried angedeutet ist.

3. Von dem Dschiggetai ist keine unserer Hauspferdrassen abzuleiten, wie Brehm behauptet. Der Dschiggetai hat als besondere Spezies schon neben dem Diluvialpferde existirt. Auch das Quagga, welches Adam als etwaigen Stammvater des Pferdes, resp. des arabischen Pferdes, in's Auge fasst, dürfte schwerlich als solcher nachzuweisen sein, wenngleich es nicht unwahrscheinlich ist, dass Quagga und Zebra aus derselben Stammform mit E. caballus hervorgegangen sind. Hat doch Forsyth Major unter den fossilen Pferden Italien's einen Equus quaggoides aufgestellt.

4) Der Hausesel stammt sehr wahrscheinlich aus Nordost-Africa, und zwar ist er wohl ausschliesslich von E. taeniopus abzuleiten. Ob wirkliche Reste von E. asinus in den Diluvial-Ablagerungen Südwest-Europa's

gefunden sind, vermag ich nicht zu beurtheilen. Was ich aus unserem Diluvium an sogenannten Asinus-Resten gesehen habe, waren entweder Reste von jungen Individuen des E. caballus, oder sie gehörten zu E. hemionus. Letztere Art ist aber als Stammart unseres Hausesels nicht in Betracht zu ziehen.

Schlusswort.

Angesichts der von mir nachgewiesenen Thatsachen werden wohl auch diejenigen, welche noch immer Asien als die alleinige Heimath des Hauspferdes betrachten, ihre Ansicht ändern müssen. Es sind nicht nur in Asien, sondern auch in Europa wilde Pferde domesticirt worden. Vermuthlich ist die Zähmung wilder Pferde in Asien früher ausgeführt, als in unseren Gegenden. Jedenfalls dürfen wir annehmen, dass die alten Culturvölker Asien's viel früher als die ältesten Bewohner Europa's dem domesticirten Pferde eine sorgfältige Pflege zugewandt und eine förmliche Pferdezucht getrieben haben.

Nach meiner Ansicht reichen die ersten Anfänge der Domestication des Pferdes auch in Europa weit zurück; aber die eigentliche Pferdezucht ist in unseren Ländern von verhältnissmässig jungem Datum. Erst mit dem Eindringen asiatischer und nordafrikanischer Kulturelemente hat sich auf dem Boden Europa's eine höhere menschliche Kultur entwickelt, und mit dieser geht die Pflege und bewusste Zucht der Hausthiere Hand in Hand. Erst seit dem Eindringen der asiatischen Kulturelemente giebt es für unsere Gegenden eine historische Ueberlieferung; erst seit jener Zeit datiren unsere ältesten Nachrichten über das Vorhandensein von Hausthieren in unseren Gegenden. Daher ist es geschehen, dass diejenigen Forscher, welche, wie V. Hehn, sich bei ihren Untersuchungen über die Heimath der Hausthiere lediglich oder doch vorzugsweise an die geschriebenen Ueberlieferungen der alten Kulturvölker halten, Asien als die alleinige Heimath der meisten Hausthiere und speziell auch des Pferdes betrachten.

Aber die neueren Forschungen der Anthropologen und Palaeozoologen haben die Hausthierfrage auf einen anderen Standpunkt gebracht; sie haben gezeigt, dass schon in der Diluvialzeit Menschen den Boden Mittel- und Westeuropa's bewohnt haben, sowie auch, dass die ersten Anfänge der Domestication gewisser Thierarten nicht nur in Asien, sondern auch in Europa (abgesehen von Afrika und Amerika) viele Jahrtausende zurückreichen. Die Dokumente, welche uns hierüber Auskunft geben, sind zwar keine geschriebene; aber sie sind nicht minder zuverlässig, ja, in vieler Hinsicht noch zuverlässiger, als die schriftlichen Ueberlieferungen der ältesten Kulturvölker. Die fossilen Knochen aus unseren Diluvial-Ablagerungen, sowie die daneben gefundenen menschlichen Instrumente, die Aschenreste und Holzkohlen ehemaliger Feuerstätten sprechen für den Kundigen eine ebenso deutliche und verständliche Sprache, wie die lesbarsten Inschriften des klassischen Alterthums. Sie zeigen uns, das die Vorgeschichte des Menschen auf dem Boden Europa's sich bis in die Diluvialzeit zurückverfolgen lässt; sie zeigen uns ferner, dass auch die Vorgeschichte gewisser Hausthiere in Europa weiter zurückreicht, als man früher anzunehmen pflegte.

Zu jenen Hausthieren gehört auch das Pferd. Freilich sind die ältesten Anfänge der Domestikation bei diesem Thiere an den Knochen schwerer nach-

zuweisen, als bei anderen Thieren, weil man das Pferd lange Zeit in einem
halbwilden Zustande liess und es auch später niemals als Mastvieh gehalten, sondern es zu Arbeiten verwendet hat, welche seine Muskeln und
Knochen in ähnlicher Weise beanspruchten, wie dieses im wilden Zustande der
Fall war. Trotzdem deuten uns manche Umstände eine im Laufe der Jahrtausende stetig zunehmende Domestikation der ehemaligen Wildpferde Europa's an.
Dahin rechne ich besonders die im Laufe der Zeit immer mehr zunehmende
Mannigfaltigkeit der Rassen. Denn obgleich schon in der Diluvialzeit
einige durch Statur und Schädelform unterschiedene Rassen des Equus caballus
existirt haben, so ist doch jedenfalls die grosse Mannigfaltigkeit unserer heutigen
Pferderassen, abgesehen von klimatischen Einflüssen, im Wesentlichen das Resultat der menschlichen Domestikation.

Je nachdem die einzelnen Völker und Volksstämme ihre Pferde gepflegt
oder vernachlässigt, je nachdem sie früher oder später eine bewusste Züchtung
bei denselben durchgeführt haben, hat eine verschiedene Entwickelung der
alten diluvialen Pferderassen stattgefunden. Die edelsten und grössten Pferderassen der Jetztzeit sind lediglich Produkte der Jahrhunderte lang fortgesetzten,
sorgfältigsten Zucht und Pflege. Kein Wildpferd zeigt Formen wie das eng-
lische Rennpferd oder wie die schwersten englischen Arbeitspferde. Letztere
sind Produkte der menschlischen Züchtung.

Wollen wir den Zusammenhang unserer Hauspferde mit den diluvialen Wildpferden nachweisen, so müssen wir die sog. „primitiven",
also die von der menschlichen Kultur wenig beeinflussten Rassen zum Vergleich heranziehen, wie ich dieses nach Möglichkeit gethan habe.

Erklärung der Tafeln.

Tafel V.[1])

Fig. 1. Schädel einer etwa 10jährigen Stute aus dem Löss von Remagen am Rhein,
Eigenthum des Herrn Dir. Schwarze in Remagen, von der Unterseite gesehen, in ¹/₄ nat. Gr.
dargestellt. a bis b Basilarlänge, c Mitte des Vomer-Ausschnitts, d Mitte des (zum Theil weg-
gebrochenen) freien Gaumenrandes, e Vorderende von p 3; f u. g bezeichnen die äussersten Ecken
der Gelenkflächen für den Unterkiefer; h deutet die Lage des oberen Randes der linken Augenhöhle an. — Die hell gehaltenen, traubenförmigen Partien sind Lösskindel-ähnliche Konkretionen;
in dieselben sind am Schnauzentheile zwei Stücke Basalt eingebacken.

Ueber die Darstellung des Schnauzentheils bemerke ich noch, dass derselbe in unserer
Darstellung des störenden Beiwerks in der vor e liegenden Partie einigermassen entkleidet worden
ist, um die ursprüngliche Form des Knochens, die am Original mit voller Sicherheit zu erkennen
ist, besser hervortreten zu lassen. In derselben Absicht sind zwei Verletzungen des Kieferknochens,
welche sich jederseits dicht hinter dem äusseren Schneidezahne finden, fortgelassen worden.
Herr Schwarze hält diese Löcher (richtiger: Verletzungen) des Zwischenkiefers für Alveolen
von Eckzähnen und glaubt aus ihrem Vorhandensein auf einen Hengst schliessen zu müssen.
Ich kann aber mit positiver Gewissheit versichern, dass die betr. Oeffnungen (abgesehen von ihrer
ganz unregelmässigen und ungleichen Form) schon deshalb keine Eckzahn-Alveolen sein können,

1) Wenngleich die Tafeln von Seiten des Lithographen mit arabischen Ziffern versehen sind,
so ist doch im Texte überall die Bezeichnung mit römischen Ziffern gebraucht worden.

weil sie sich 3—5 mm hinter den äusseren Schneidezähnen, also im Zwischenkiefer, finden
während die oberen Eckzähne vorn im Oberkiefer, also ziemlich weit entfernt von den Schneidezähnen, stehen müssten.

Fig. 2. Rechte Backenzahnreihe desselben Schädels, in natürlicher Grösse, von der Kaufläche aus gesehen. Die punktirten Stellen an $p\,3$ u. $p\,2$ werden am Original durch Gestein
verdeckt.

Tafel VI.

Fig. 1. Die oberen Schneidezähne eines 5—6jährigen Pferdes aus dem Diluvium von
Thiede bei Wolfenbüttel.

Fig. 2. Vier Backenzähne des rechten Oberkiefers, sehr wahrscheinlich demselben Individuum
angehörig, von dem die Fig. 1 dargestellten Schneidezähne herrühren. Thiede.

Fig. 3. Die beiden letzten Backenzähne eines rechten Oberkiefers. Thiede.

Fig. 4. Letzter Backenzahn eines linken Oberkiefers. Thiede.

Fig. 5. Die drei Milchbackenzähne des rechten Oberkiefers von einem Füllen aus dem Diluvium von Westeregeln, mässig angekaut.

Fig. 6. Rechter Oberkiefer eines sehr jugendlichen Füllen (mit $d\,1$, $d\,2$, $d\,3$ und $p\,4$).
Ebendaher. Der kleine Praemolar ($p\,4$) ist noch in der Entwicklung begriffen; er überragt noch
nicht den Rand seiner Alveole.

Fig. 7. Linker Oberkiefer des kleinen Pferdes, welches dem Spandauer Bronzefunde
angehört, resp. in derselben Fundschicht ausgegraben ist.

Tafel VII.

Fig. 1. Unterkieferfragment mit $p\,3$ und $p\,2$. Diluvium von Thiede.

Fig. 2. Unterkieferfragment eines Füllen mit den drei stark angekauten Milchbackenzähnen.
Diluvium von Westeregeln.

Fig. 3. Unterkieferfragment eines Füllen, mit den drei mässig angekauten Milchbackenzähnen. Ebendaher.

Fig. 4. Unterkieferfragment eines Füllen, mit völlig unangekauten Milchbackenzähnen.
Ebendaher.

Fig. 5. Unterkieferfragment eines im Zahnwechsel begriffenen Pferdes. Ebendaher.

Fig. 6. Unterkiefer des kleinen Pferdes von Spandau, mit auffallender Bildung der Schneidezähne. Spandauer Bronzefund.

Fig. 7. Pferde-Schädel aus dem Torfmoor von Tribsees in Neu-Vorpommern.

Tafel VIII.

Fig. 1. Atlas eines erwachsenen Pferdes mittleren Alters, von oben gesehen. Diluvium
von Westeregeln.

Fig. 1a. Derselbe Atlas, von unten gesehen.

Fig. 2 Kreuzbein (Os sacrum) eines jungen Pferdes, von oben gesehen. Ebendaher.

Fig. 3. Schulterblatt (Scapula) eines erwachsenen Pferdes, von der Aussenseite gesehen.
Das obere Drittel fehlt. Ebendaher.

Fig. 3a. Gelenktheil desselben Schulterblatts.

Fig. 4. Oberarm (Humerus) eines erwachsenen Pferdes, von vorn gesehen. Ebendaher.

Fig. 4a. Derselbe Oberarm, von oben gesehen.

Fig. 5. Olecranon der Ulna eines erwachsenen Pferdes, von oben (resp. vorn) gesehen.
Ebendaher.

Fig. 6. Oberer Gelenktheil eines ausgewachsenen Radius. Ebendaher.

Fig. 7. Oberer Gelenktheil eines Radius des kleinen Pferdes von Spandau.

Fig. 8. Unterer Gelenktheil eines ausgewachsenen Radius. Diluvium von Westeregeln.

Tafel IX.

Alle Skelettheile stammen von erwachsenen Individuen.

Fig. 1. Unterer Gelenktheil einer Tibia. Diluvium von Westeregeln.

Fig. 2. Unterer Gelenktheil einer Tibia. Spandauer Bronzefund.

Fig. 3. Calcaneus, von oben gesehen. Diluvium von Westeregeln.

Fig. 4. Calcaneus, von oben gesehen. Spandauer Bronzefund.

Fig. 5. Astragalus, von oben gesehen. Diluvium von Westeregeln. Zu dem Calcaneus (Fig. 8) gehörig.

Fig. 6. Astragalus, von oben gesehen. Spandau.

Fig. 7. Metacarpus, von vorn gesehen. Diluvium von Westeregeln.

Fig. 7a. Derselbe Metacarpus, von hinten gesehen. Vergl. oben p. 130.

Fig. 7b. Oberes Gelenk desselben Metacarpus.

Fig. 8. Metatarsus, von vorn gesehen. Das kürzeste Exemplar ! Ebendaher.

Fig. 8a. Oberes Gelenk desselben Metatarsus.

Fig. 9. Metatarsus, von vorn gesehen. Spandau.

Fig. 9a. Oberes Gelenk desselben Metatarsus.

Fig 10. Fesselbein (Phalanx I), wahrscheinlich einem Vorderbein angehörig, von vorn gesehen. Diluvium von Westeregeln.

Fig. 11. Fesselbein (Phalanx I), von vorn gesehen. Spandau.

Fig. 12. Kronbein (Phalanx II), von vorn gesehen. Diluvium von Westeregeln.

Fig. 13. Vorderes Hufbein, von oben gesehen. Ebendaher.

Fig. 14. Hinteres Hufbein, von oben gesehen. Ebendaher.

Fig. 15. Kniescheibe (Patella), von oben gesehen. Ebendaher.

Fig. 15a. Dieselbe Kniescheibe, von der Gelenkfläche aus gesehen.

NB. Sämmtliche auf den Tafeln VI, VII, VIII und IX dargestellten Fossilien sind Eigenthum der zoologischen Sammlung der kgl. landwirthschaftlichen Hochschule in Berlin.

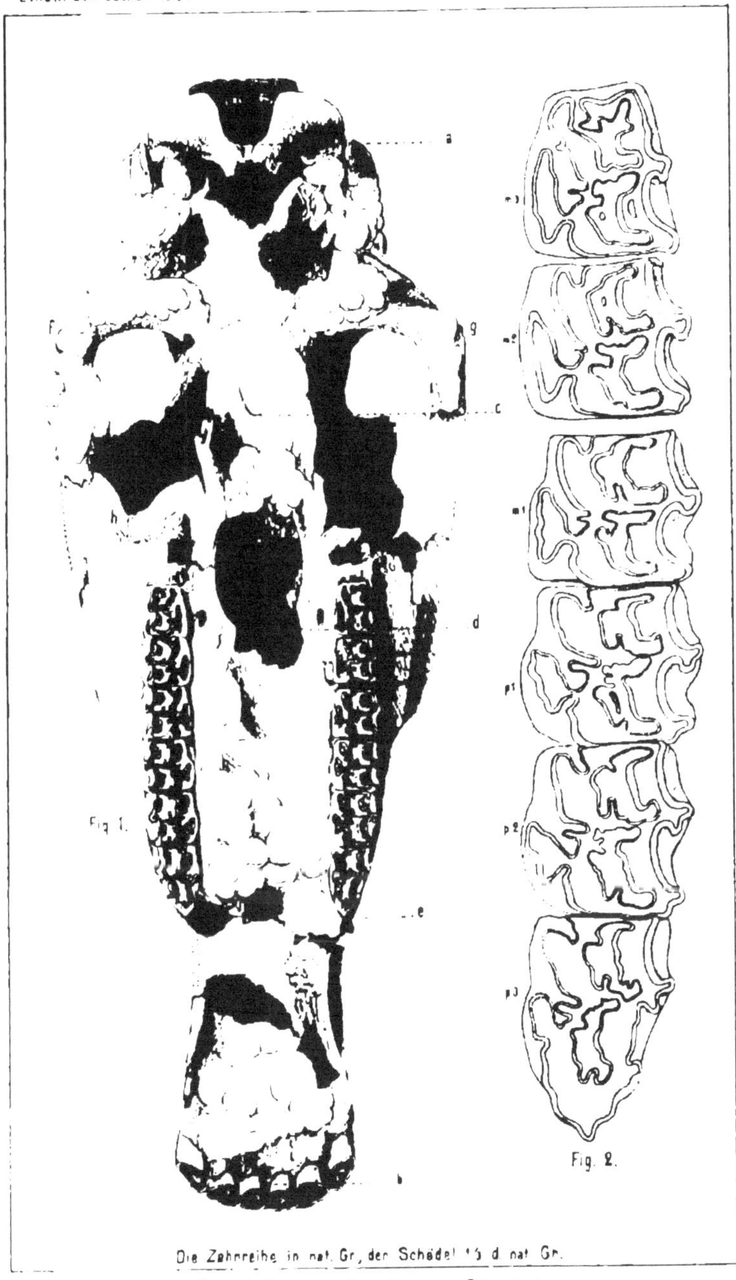

Die Zahnreihe in nat. Gr., der Schädel ⅓ d. nat. Gr.

Diluvialpferd aus dem Loss von Remagen.

Druck: Geissler Kunstanstalt Berlin

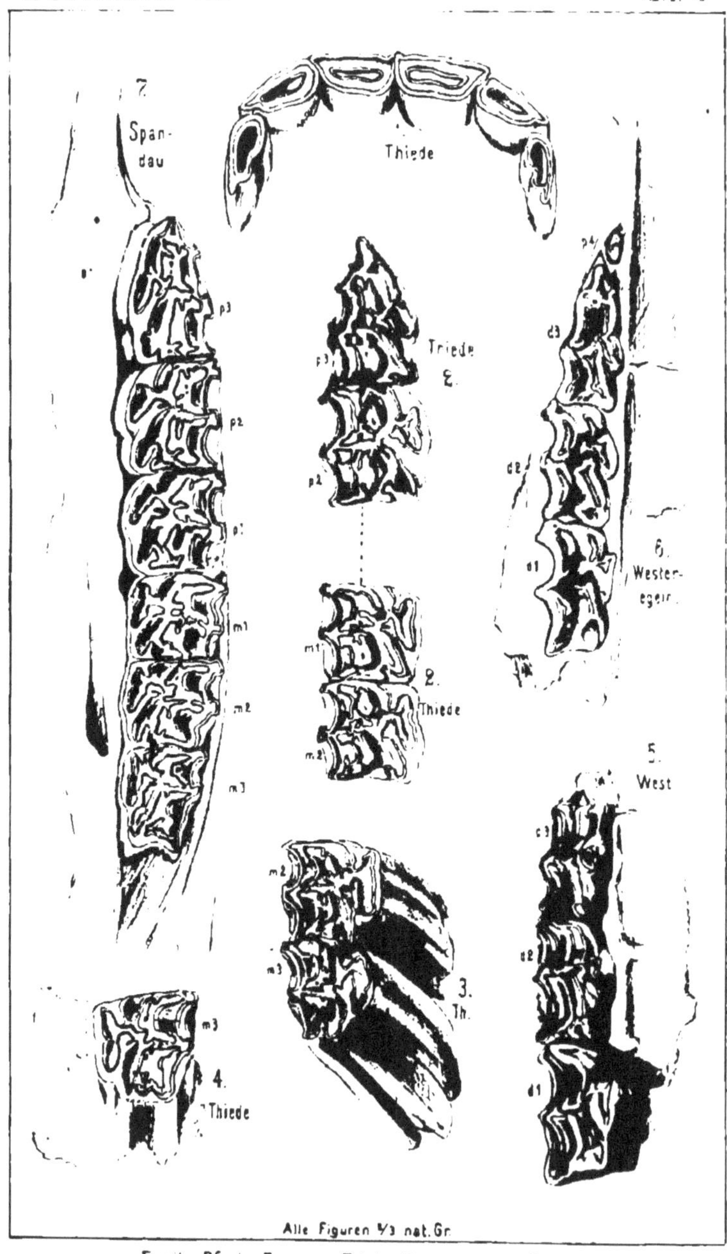

Fossile Pferde-Reste von Thiede, Westeregeln und Spandau.

Verlag von Paul Parey in Berlin   Paul Geissler Kunstwerkstatt, Berlin

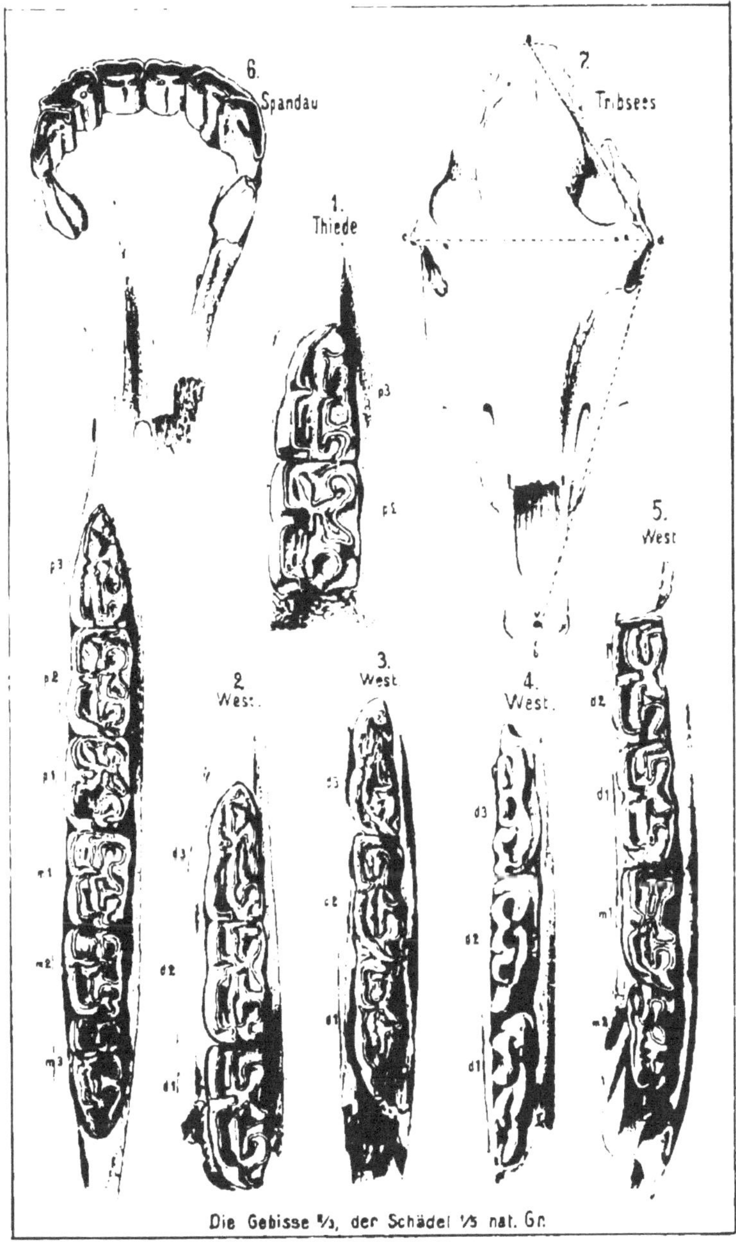

Fossile Pferde - Reste von Thiede, Westeregeln, Spandau und Tribsees.

Verlag von Paul Parey in Berlin.   Paul Geissler Kunstwerkstatt Berlin

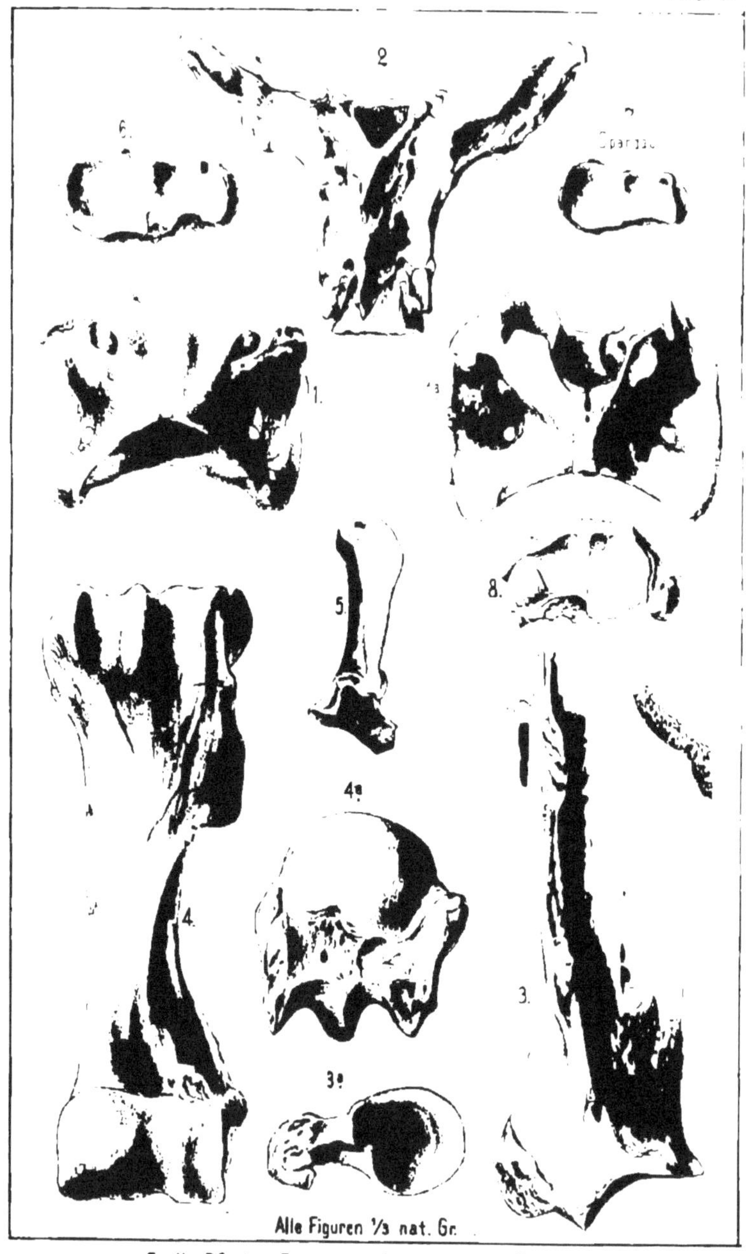

Fossile Pferde - Reste von Westeregeln und Spandau.

Verlag von Paul Parey in Berlin   Paul Geissler Kunstwerkstatt, Berlin

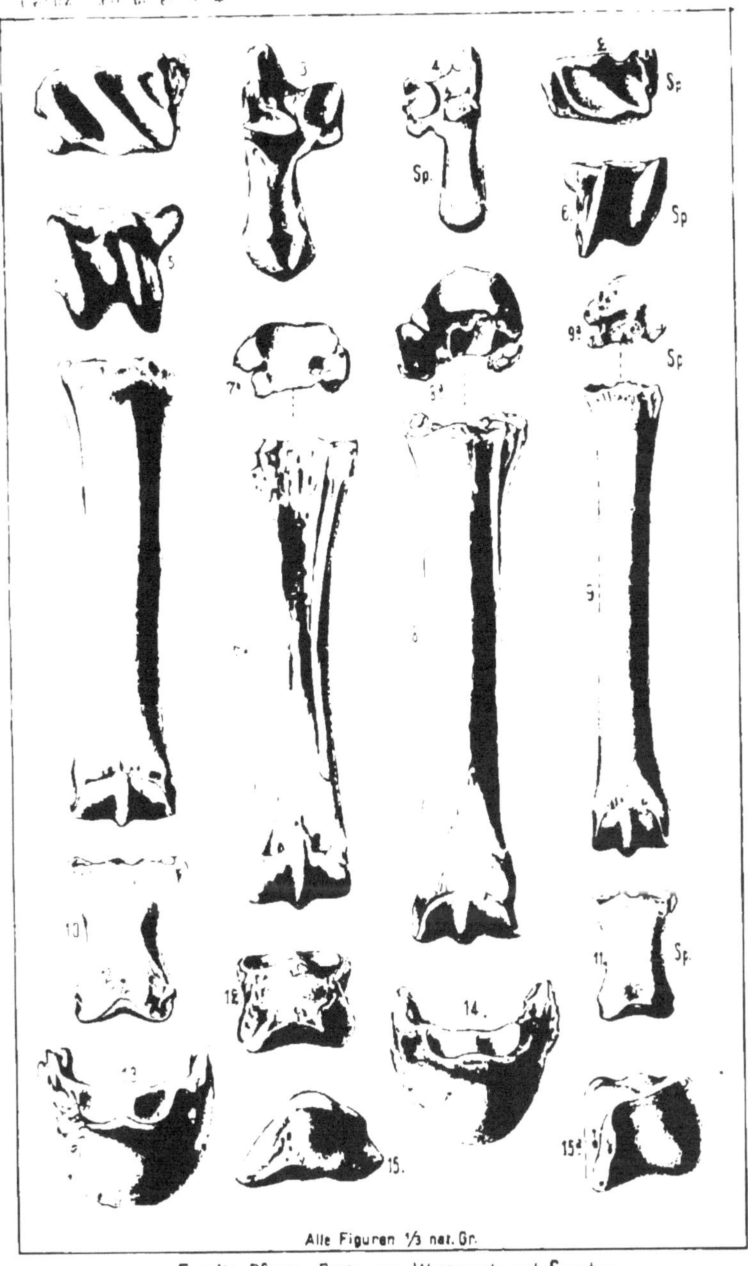

Fossile Pferde-Reste von Westeregeln und Spandau